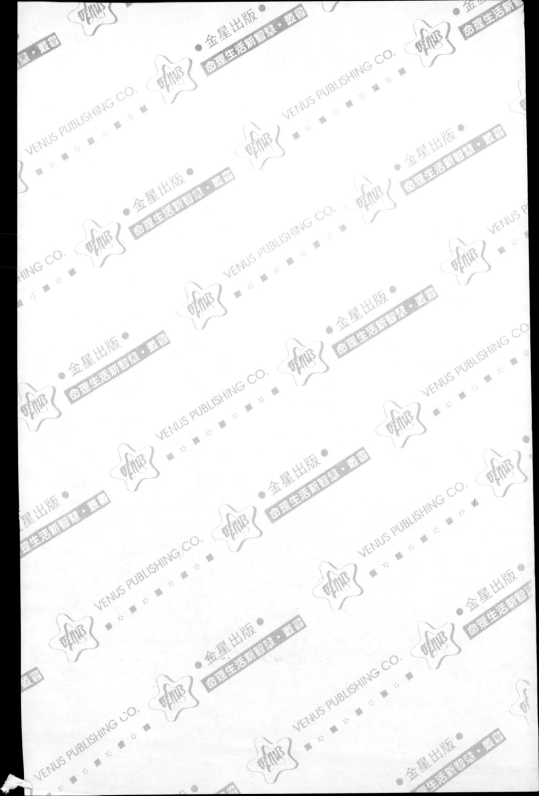

命理生活新智慧・叢書 70

http://www.venusco555.com
http://www.fayin777.com
E-mail: venusco@pchome.com.tw

用你的運氣來減肥瘦身

法雲居士⊙著

金星出版

國家圖書館出版品預行編目資料

用運氣來減肥瘦身／法雲居士著，--第1版.--臺北市：金星出版：紅螞蟻總經銷，2005[民94]　　冊；　　公分--（命理生活新智慧叢書；70）

ISBN 957-8270-60-7 （平裝）

1.命書　　2.減肥

293.1　　　　94013684

用運氣來減肥瘦身

作　　者：法雲居士
發 行 人：袁光明
社　　長：袁靜石
編　　輯：王璟琪
總 經 理：袁玉成
出 版 者：金星出版社
社
電
地址：台北市南京東路 3 段 201 號 3 樓
電話： 886-2-2362-6655
FAX：886-2365-2425
已變更
電
郵政劃撥：18912942金星出版社帳戶
總 經 銷：紅螞蟻圖書有限公司
地　　址：台北市內湖區舊宗路二段121巷28・32號4樓
電　　話：(02)27953656(代表號)
網　　址：http://www.venusco555.com
E-mail　：venusco@pchome.com.tw

版　　次：2005年8月第1版
登 記 證：行政院新聞局局版北市業字第653號
法律顧問：郭啟疆律師
定　　價：280 元

行政院新聞局局版北字業字第 653 號
(本書遇有缺頁、破損倒裝請寄回更換)

投稿者請自留底稿
本社恕不退稿

ISBN：957-8270-60-7 (平裝)

（因掛號郵資漲價，凡郵購五冊以上，九折優惠。本社負擔掛號寄書郵資。單冊及二、三、四冊郵購，恕無折扣，敬請諒察！）

序

這本『用你的運氣來減肥瘦身』的書，是我一直想寫的一本書。雖然從我開始學習命理開始，我就從老師處已經知道了這個可運用運氣來調理身體和減重的方法。但是因為自己懶惰、沒有身體力行去實行，因此雖知道方法，但沒應用，以致於也不好意思把此理論告訴大家，而隱沒了這種運用自然法則來促使健康或回復先天本貌的優良養生方法。

近來，因工作繁忙，長期久坐寫書，有水腫現象，日積月累的身體不適，也讓我重視這個問題。肥胖一直是疾病的好朋友，是健康的敵人。我也不得不打起精神下定決心來減肥。

放眼市面上眾多的減肥瘦身班或減肥藥品，無不是一方面運用外力（按摩揉按或運動）或用內服藥品來促使體內代謝加速而形成刮除式的減肥法。倘若是運動身體，當然是最好的。但是若是用按摩、揉擦或是

用內服藥品，都易讓人造成刑剋傷害。有些人更用手術抽脂來減肥，那是對自己的身體戕害更深的做法，未來對健康定會有更大的傷害。

用運動來減肥雖不錯，但很多命格的人，天生不愛動，因此難以達成效果。用瘦身食品來減肥，又怕吃錯藥，而且很多人又忌不了口，難以抵擋美食誘惑功虧一潰，另一些人也害怕手術開刀的血光問題，所以減肥一直是時常在減，但始終沒成功過的一樁事！

現在，我提供了一個新的、利用運氣及時間點的特性來減肥的方法，並且提供我及學生在一個月中成功減重五公斤的印證效果，來給那些用什麼方法減肥都無效的人一個新的減肥方式，讓大家都能健健康康，遠離病痛，體態輕盈、美麗永駐，並且更能運用運氣為自己的人生注入新的生命活力與希望！

法雲居士　謹識

用你的運氣來減肥瘦身

用你的
運氣 來
減肥瘦身

目錄

① 前言

這本《用運氣來減肥瘦身》的書，是我最近一系列運用運氣來改善或增進我們自身生命體的強健、緊實、旺盛的一本書。另一本已經出版的用運氣來考試的書，書名為《考試你最強》。

大家會奇怪？運氣是一種抓不到、摸不到、看不到、嗅不到的東西，幾乎是無嗅、無味、無形！要如何來運用呢？難道事事要靠第六感來運用、支配嗎？要是沒有第六感的人要怎麼辦呢？

算命就是『算運氣』、『算時間』

其實，常算命，或喜歡算命，或是懂得一些算命的人，都知

道：算命就是『算時間』、『算運氣』的事。自然在命理的範疇中，運氣是可以計算和支配的。現今紫微斗數的命理形式已入電腦化的科技時代，要精確的運用運氣、支配運氣，而且精準的算出時間更是易入反掌，因此運用運氣方面的事就非常容易了！

人的身體是個小宇宙

在太空中，有一個無極限的大宇宙，包含著無數個……無數個的小宇宙。太陽系本身也是個宇宙。我們人生活在地球上，凡事在地球上活動，也以地球為我們生活的宇宙。每個人的身體自成一套支持生命存活、有新陳代謝的功能，故也自成一個小宇宙。故道家在身體上運『氣』來強健身體，這就是氣功了。當人在打一套拳，做些氣功的把式，就更能感覺到、體會到運氣在身體中行走的真實狀況了。

現在！這本書要談的不是氣功，而是如何運用運氣來減肥瘦身。前面談的只是讓你先感受到運氣的存在，以及和我們身體之間的關係，運氣是會影響到人的健康、胖瘦的，掌握運氣就能掌握健康和減肥。

減肥和運氣有關

事實上，任何人想減肥成功，也都和運氣有直接連帶的關係。會減肥成功的人，通常都掌握到堅忍不拔，自我克制能力強，為求目的，不在乎飲食享受的運氣的時刻。

而那些減肥屢戰屢敗，始終無法成功的人，或是過了一段時間又復胖的人，則是無法掌握到堅忍不拔，具有克制力的時間。有時候我們從其人命盤中就可看出其人在性格上就有這方面的先天性缺點，自然是常在減肥，但始終沒效果的了，而且每次花費、龐大，好像錢送去了就會瘦了似的，其實肉還在身上，唉嘆不已。

還有一種人會去利用手術抽脂減肥的人，其實具有這種肯忍耐痛苦而達成減肥意志的人，既然你已抱有這麼大的決心了，其實你只要運用我們這套『運用運氣來減肥』的方法，就功效卓著了，實在不必再忍受幾個月的復健期，以及術後還有一些醜陋的疤痕產生，某些人還要再多幾次手術才能除掉疤痕，時間上、金錢上和身體上的煎熬，都是無以復加的。

好運氣、壞運氣都值得運用

平常減肥難以成功的人，更是要學習這套掌握運氣、運用運氣，瞭解運氣的特質，瞭解運氣的好壞，好運氣用來做好用途，壞運氣也不盡然是倒霉無用、有災的運氣，只要運用得當，利用一點刑剋的運氣來減肥、瘦身，或是做一些除舊佈新的工作，或是做一些去除原本對我們有害無利的惡習、惡運之事，也未嘗不是運用運氣又能否極泰來的一種方法。有時候，先看到、算到壞運氣了，先分析是那方面的壞，再看看是否能利用到別的方面去，只要運用得當，壞運氣也會變成有用的好運氣。這不但能使你變美麗、健康，更能使你心情、事業、錢財上都順利。還能享更多的福氣，減少勞累、辛苦、生活愜意。

② 運氣主宰人的生活，也主宰人的胖瘦

『跟著感覺走！』這既是一首歌名，也是一句有瀟灑意味、隨遇而安的一句話。其實，每個人每天所過的日子，所經歷的事情，有些是你刻意安排的，有些是隨環境變化所產生出來的。很多事情是由其他的事情所衍生出來的。常常你看這些事情，好像沒有關連，但實際上，你真的是『跟著感覺走』的！你是隨著你一時的心情起伏及智靈的閃現來處理你周遭所發生的事情的。

而你在那個處理事情當下的時間點上，所產生的心情起伏及智靈閃現，以及處理方法的好壞，以及會不會產生後遺症，或後發事

件，上述種種的問題狀況，都包括在當時的『運氣』二字之中了。

所以，**『跟著感覺走！』實際就是跟著運氣在走！**

可是在心態上會有些不同，若『跟著感覺走！』你會覺得凡事操之在我，『我』自己是有主導權的，我自己想有點任性的！

但著跟著運氣走，你就會覺得自己好像是被人操控了一般，而內心有些不情願了。嚴格的說起來，你會有這種心態，完全是不瞭解自己的感覺和運氣之間有什麼樣的關係使然，所以你會茫然的跟著感覺走（實際是茫然的跟著運氣在走），如此這般，其人就往往心裡想怎樣，事情就偏不是那樣，這就是心想事不成了。

倘若你想『心想事成』，想要把自己生活中的成功百分比調高一些，你就必須學習這套運用運氣的法則！否則你就會似迷糊、似清醒、似夢如真的，又似像踩在雲端的跟著感覺走了，想要『心想事成』也難了！

運氣處處在主宰人的生活

人的生命歷程，是由時間所累積起來的，時間一分一秒的往前移動，生命就繼續往前存活。生命在存活中會有一些經歷的事情，而人用感覺、感情來分析或感受這些所經歷的事情，分出其對自己是有利，或有弊的，這就是大家所共稱的『運氣』了！

所以，**運氣是由時間點所產生的，也是由活著的生命所產生的**。

死了的生命和消失了的生命，便無運氣了！

那更簡單、明確的說：有生命就會有運氣了！

因為生命之中充滿了時間，這些時間又有不同的特性，相互交織著不同的運氣，也使人產生不同的命運。

運氣既然是用人生活中點點滴滴的經歷，和一分一秒的時間所串連起來的，自然它就可主宰人的生活，影響人的生活品質了。

我們從統計學上來看，卯、酉年和巳、亥年因窮自殺的人多，

因卯、酉年有廉破運和天相陷落運，而巳、亥年有廉貪運。**而卯、酉年因窮自殺的比例是居冠的**。

倘若又以減肥、瘦身的行業來看，卯、酉年又對此行業最有利，因為具有廉破運的人多，大家肯捨得花錢來減肥、瘦身，反而可使此行業旺盛及大發利市。

你會覺得奇怪，這個廉破運，有時會使人窮困到自殺，有的人又會有錢來減肥，或做美容手術，這豈不差太多了？

事實上，從命理學的觀點來看，生命中的財用盡了，人就會離開人世了。所以有些久病、耗日子的人，等到生命的財用光了，就會離世。而那些用瓦斯引爆自殺而亡的人，是因財被劫，本命財少，本命又帶刑剋，所以也無法好好的死，要用連累別人，帶給別人災禍的方式來結束生命，這也自然是本命的財太弱及出生時間不佳所致。

有些人本命財多，雖然走廉破運或天相陷落運，因這兩個運程在對宮，是相照的，走廉破運時，外面的環境就是天相陷落，福星陷落而無福。走天相陷落運時，外面的環境就是廉破。表示自己無福，易有災，而外界環境又是破破爛爛，易有傷災、血光或毀損的狀況。人走到這個廉破運或天相陷落運時，最易遇到身體開刀或車禍、傷災之事。也最容易去動美容手術。

人在走破軍運時，易動美容手術，運氣破的愈厲害，動美容手術的狀況愈嚴重。這是運氣在主宰著人的思緒，也主宰著人生活中的喜好變動了。

通常，**人走在一些好運氣的時候，生活會較富裕**，也會有一些好名聲之事，得獎、升官之事會發生，此時心情愉快、遇事寬容、圓滑、胃口好、應酬多、心寬體胖。**人在走衰運時**，生活會較緊縮或窮困，常有一些不利或災禍類的事情發生。此時心情鬱悶、遇事會尖銳和緊張，有時易生病、胃口不好、不愛理人，也會瘦弱、不

健康。

運氣天天在影響人，也時時刻刻、分分秒秒在影響人，但如上述會影響人好運到心寬體胖或衰運到瘦弱生病，一定要經過長時間，至少幾個月以上的時間，你才能感受或影響到身體的胖瘦變化。

看到這裡，你一定會說：『哦！我知道了，你就是要我們運氣都搞成不好，不是就都瘦了嗎？』

其實，不是這樣！運氣不好，走衰運瘦了，反而你要擔心身體健康是否出了大問題，是否有傷災或其他災禍發生。會不會危及生命？因此，這種方式瘦下來的人，反而對其人生沒有益處，是我們所必須要警惕的、防範的。

只有在好運時，能瘦下來，是用節制、淬練和建設的方法，使其人的外形更光彩、有精神，使臃腫或慵懶能得到控制、節制、緊縮，使人的意志力也能更強化固定，這樣，好運氣能像擎天一柱般的支撐你長久的運程，自然好事好運就旺旺來，一直會源源不絕，你的人生也會得到較長久的快樂與幸福了。

運氣如何來主宰人的胖瘦

前面說：『人運氣好時，會心寬體胖。運氣差時，會瘦弱病痛、窮困』。運氣會主宰人的胖瘦，不僅僅於如此而已。

事實上，人在一天之中，也會有體型胖瘦的變化，體重也會有輕重之別，但往往變化或輕重的幅度不算太大，而不被人所注意到。否則，你自己在家中準備精密一點的磅秤，早上、中午、晚上，在飯前來稱體重一次，你就會發覺我所言不假。體重會有微幅變化的。倘若你的磅秤不夠精密，也許你會發覺不到。

每個人的早、中、晚的體重都不一樣，有的人會早上瘦一點，體重輕一點，中午重一點，晚上也重一點。有些人會早上重、中午輕、晚上體重也稍重，有的人會早上、晚上都輕，而中午重一些。有的人會中午輕，早上、晚上都重。你是怎樣的狀況呢？有沒有觀察過？**人的體重和人行運的過程是有關連的！**

人在什麼時間，走什麼樣的運氣，自然就有體重的輕重，和體型的胖瘦有關了。

例如人在行天同居廟運或天相居廟運時，你就會胖嘟嘟的，也會體內水份多，而體重變得稍重了。又倘若你是『紫微在辰』命盤格式的人，你會在晚上九、十點鐘時，稱一下，會比你早上磅秤，或中午磅秤時為重。因為晚上九點、十點鐘是亥時，你正好走『天同居廟』，所以會稍胖一點或稍重一點。相對的，『紫微在辰』命盤格式的人，在早上九、十點鐘，一直到中午一點以前的這段時間是較瘦的，肌肉較緊實的。你也會因為忙碌而吃的不多。

運氣會主宰人一天之間的胖瘦，也會主宰人一個月之間的胖瘦，更會主宰人一年之間的胖瘦，更會主宰十年大運之間的胖瘦。

運氣主宰人一個月之間的胖瘦

一年有十二個月，其實人在十二個月之間，每個月的體重和胖瘦都有消減或增長變化的。就例如走到天府居廟運，或天相居廟、天同居廟運，都會圓潤稍胖一點，而走到一些天相陷落、天機陷落或巨門陷落的運程時就瘦弱一些。

在流月的運氣中，若逢到巨門居旺運，或居旺的巨門化權，或居旺的巨門化祿，那表示該月口福好，會有許多餐會或吃食好東西的機會，因此該月要忌口是很難的了，容易變胖。倘若在你命盤之中的巨門，是和擎羊同宮，或是陷落的巨門，則流月、流日逢到時，你會挑食，對食物挑剔，在身體吸收方面也不佳，反倒不會胖、會瘦了。若行運走到此人命盤中對巨門有刑剋的流月時，更要小心，會吃到不該吃的東西，得腸胃炎，或因是非口舌、爭執，生氣而食不嚥了。

所以，紫微命盤上十二個宮位所有之運氣，就是你在一年當中的十二月所走之運氣。同時十二個宮位，也代表你身體健康狀態所變化的、起伏狀況。更能顯現出你每個月的胖瘦及體重輕重出來。

運氣主宰人一年之間的胖瘦

當你想知道今年一年中會不會太胖？或是未來一、兩年中有沒發胖的可能？只要透過觀看流年運氣，就可得到答案了。

例如：酉年走廉破運或天相運的人，今年肯定都不胖。如果仍胖，那一定是身體有問題，有病痛要看病治療了。明年狗年（戌年）走機梁運的人，也會是中等身材，不會太胖的。

酉年走紫貪運的人，此年會注重身材，特別講究保養及養生，因此會身體健康、精神好、身材漂亮、有魅力。到狗年走巨門陷落運時，會身材瘦，要小心消化系統的問題，或要多注意飲食均衡，才會健康。如果你的紫貪運中有擎羊，或有擎羊相照，你會更瘦一

些。有祿存同宮或相照，也會更瘦一些。酉年走陽梁運，或是空宮運，對宮有陽梁相照的人，你會體重比平常年份略重一些。到狗年廉府運或七殺運時，會較結實一些，但會有正常一點的體重。如果酉年流年運程中有擎羊或祿存同宮的人，仍會瘦而不胖的。狗年廉府運或七殺有擎羊、陀羅同宮時，人會身體較以前粗壯一些，但要小心車禍的傷災和死亡之災難。

酉年走武殺運的人，體型會瘦，骨骼緊硬外露，是『因財被劫』的模式，也要小心傷災、血光。狗年逢太陽陷落運時，會精神萎靡，原本就不瘦的人，體型會垮垮的。原本就瘦的人，會依然瘦、胖不起來，會一直延續到豬年。到子年走天機居廟運，就會身體壯碩，運氣好，胃口也好，一下子會胖很多了。

運氣主宰人十年的胖瘦

人在十年之中的胖瘦狀況，是顯現在你的十年大運所逢到的星

曜上面。只要分析你所逢到的十年大運，就能知道其人胖瘦相差多少公斤了。

例如：人在走天機陷落運時，會瘦弱，到了下一個大運是紫府運時，就會胖很多，體重幾乎超過將近五公斤至十公斤以上。而大運倘若是『天機陷落、陀羅』的人，會有病態的胖，身體有病，這是和只有天機陷落在大運中的人，是不一樣的。

人走武破運的大運會瘦，又辛勞。但走到下一個大運是太陽居旺運時，使會心寬體胖、事業順利、精神旺盛，凡事熱心，希望滿滿了。

因此，運氣的好壞，不但影響我們的心情，也影響我們的身體健康及胖瘦，是十分明顯的了。

如何掌握你的桃花運

③人有先天胖或先天瘦

人出生以後，就有其專屬的特殊命格。有什麼樣的命格，就會決定其人身材的高矮胖瘦了。

例如：太陽坐命的人，都會長得胖胖大大的，倘若有瘦小的太陽坐命者，會是在辰宮或子宮的人，且是命格有受剋現象的人。普通太陽坐命，不論旺、陷，都較高大、大臉、較胖，這是太陽坐命者的先天形像。有陷落的擎羊、陀羅同宮時，就會瘦或小。有祿存同宮時，也會瘦。

例如：武曲坐命的人，不高，但體型會稍胖壯，這是武曲坐命者的基本形態。倘若太瘦小，或瘦高的武曲坐命者，就是有刑剋的

狀況了，其人本命中的財就會少了。

又例如武曲、擎羊坐命戌宮的人，較矮小瘦弱，這是因為此命格為『刑財』格局，又在戌宮，為火土所煎熬所致，未來也會有腎臟問題，或不能生育的問題。如果武曲、擎羊在辰宮坐命的人，會瘦高點，本命中擎羊會較強勢，性格會較凶悍，但仍是『刑財』格局，最多會壯一點，是不會太胖的。

人因命格不同，有其先天的體型，而且每個人都不一樣，其人也會受到父祖輩，或家庭的影響，而且胖瘦的遺傳因子。

在我的另一本書《紫微面相學》中也有述及人的相貌、體型及高矮胖瘦，大家可參考之，就更能掌握自己的確實體型和正常體重該是多少了。

現在略述一下各命盤的基本體型、胖瘦形態，以為大家的參考：

紫微坐命的人：

紫微坐命子宮或午宮的人，以及紫相、紫府、紫貪、紫殺、紫破等命格的人，都是屬於有厚重、穩重體型的人。他們的身體體型骨骼容易左右橫寬形，而前後較扁。因此正常的紫微坐命者是感覺上較胖、粗壯、有體重壓力的，但面色容貌上會得人尊敬的。

倘若有羊、陀、祿存、化忌在命宮，同宮或在對宮相照時，擎羊、陀羅居陷時，其人會瘦，羊陀居廟時，其人仍會壯或胖。若有化忌出現在命宮或對宮時，不論是文曲化忌或文昌化忌，或是貪狼化忌，當主星居旺化忌就居旺。化忌居旺時，其人屬於瘦型，但是中等身材。化忌居陷時，其人就會身材較瘦小，或比原來紫微入命的人，體型要瘦很多了。

天機坐命的人：

凡是有天機星入命宮的人，包括天機坐命子、午、丑、未、巳、亥等宮，以及機陰坐命、機巨坐命、機梁坐命的人，皆是身材體型屬木型的人。因此大多數命格中有天機星的人不會太胖，某些天機入命的人，好吃食，如機巨坐命或天機在子、午宮坐命，對宮有巨門相照的人，都好吃食、好美食，但他們也好動，以會身體維持得還不錯。但如果命格坐於子、午、卯、酉，又有居陷的擎羊進入時，其人就會瘦及小．若命格坐於辰、戌、丑、未宮，又有羊陀同宮，此時擎羊、陀羅是居廟的，則以羊陀勢力大，其人就會不愛動，或變胖了，要減肥也難了。

太陽坐命的人：

凡是有太陽星入命宮的人，包括太陽星單星坐命在子、午、辰、戌、巳、亥等宮的人，以及陽梁坐命、日月坐命（太陽、太陰同坐命宮）的人，以及陽巨坐命的人，正常體型的人皆是圓臉、微胖，有橫寬較扁型體型的人，因此容易看起來較胖。在辰、戌、丑、未宮有羊陀同宮的人，為粗壯型的人，也容易更胖。在子、午、卯、酉宮有擎羊同宮，為陷落的擎羊，故會瘦或形小。有陀羅在寅、申、巳、亥和太陽或陽巨同宮時，其人會矮小，或頭顱圓圓的人，身形較瘦或較小。

武曲坐命的人：

武曲在辰、戌宮入命宮，或武貪坐命、武相坐命皆體型為胖壯

型的（此是指30歲以後的體型）。有羊、陀、火、鈴、化忌等星同宮，為有刑剋，則其人會較瘦。

武殺坐命、武破坐命都是體型瘦型，但骨骼堅硬外露。某些武殺坐命的人，會有矮胖的身材，如電視政論節主持人周玉蔻小姐。

當命格中有武曲時的特性，愈矮胖或矮壯的人，較符合武曲的命格，財會多一些。愈瘦高的人，命中財會少一些。像武破坐命的人，就會瘦高，也易風流倜儻。如果有武殺、擎羊坐命，會更瘦或小。如果是武破、陀羅坐命，則更瘦或小。有武殺、祿存入命，或武破、祿存入命，皆是瘦型的人。

天同入命的人：

凡是有天同入命宮的人，不論天同的旺弱，其人都是外表看起來肉肉的，但如果天同居陷時，例如同巨坐命的人，其人容易臉圓圓、肉肉的，但身體較瘦。

天同入命宮的人，包括同梁、同巨、同陰坐命的人，要真正成為大胖子的人，其實並不容易。但你們都易外表看起來肉肉的，好像容易發胖，其實你們的外在的環境和三合、四方宮位都未必有條件讓你們發胖，所以你們實在不必太擔心的。

廉貞入命宮的人：

廉貞入命宮的人，包括廉貞單星坐命、廉相、廉府、廉殺、廉貪、廉破等坐命者在內，會因為命宮中有這顆廉貞星的關係，很操勞、不重衣食，在三十歲以後，便身材有些垮垮的，類似阿吉桑的身材了，當然會顯得胖。廉貪、廉破坐命的人，會體型身高高一點，但仍是不算美麗、體面的體型。廉相坐命與廉府坐命的人，都不會太胖，是中等或瘦的體型的人。

③ 人有先天胖或先天瘦

當命格中有羊陀同宮時，如在辰、戌、丑、未宮的人，羊陀居廟，其命格中的擎羊、陀羅的特性會增強，會刑剋你命中的財。你的身體就會不好，有傷殘現象，或有病痛。如瞎眼、有肝腎的毛病，或血液的毛病等等，你也會變瘦。例如擎羊在子、午、卯、酉等宮落陷，而有『廉相羊』、『廉破羊』入命宮的人，也會瘦弱或瘦小。

例如陀羅在寅、申、巳、亥等宮落陷，故『廉貪陀』或『廉貞、陀羅』入命的人，體型容易垮垮的、身材易變形、變肥胖。

天府單星入命的人：

天府單星入命宮的人，居廟時，在丑、未宮，會身材適中，但也容易增胖一些。也容易隨時控制回來。在巳、亥宮，居得地之位的天府坐命者，因對宮有紫殺相照，反倒是有骨骼堅硬外露的狀沉，但也不會太胖，是身材適中的人。某些人會因為忙碌，或挑食或有特殊品味而身材瘦型。

在酉宮的天府坐命者，身材較豐腴，也不能算胖。在卯宮的天府坐命者，是最不富裕的天府坐命者，因此體型也為瘦型。

太陰單星入命宮的人：

太陰單星入命的人，大多是身材骨骼纖細的人。當太陰居廟或居旺時，他們會體態豐腴，看起來美麗又好命，財又多。其人又富有身體上的肢體語言，隨時會傳導一些浪漫或體貼的情緒或愛情符號給別人。他們更會講究生活的浪漫，因此太陰居廟、居旺時，容易胖，但他們天生愛美，會力行減肥，為了愛美的目標，也會成果卓著，所以他們會自動自發的來減肥的。當太陰居平或居陷，在辰、卯、巳等宮，天生身體體型就瘦，吃也吃不胖，讓人羨慕，但他們易有病痛或腸胃方面的問題，就是因為如此才吃不胖的。如果有羊陀在辰、戌二宮入命時，必有刑剋，身體有傷，但會受羊陀影響而身材粗壯，或是瘦型，但骨骼粗大。

貪狼單星入命宮的人：

貪狼單星入命宮時，旺弱會影響人的體型和身材。貪狼居廟時，在辰、戌宮，是幼年瘦弱，三十歲以後胖壯。貪狼居旺在子、午宮時，也是幼年普通，三十歲以後易胖。貪狼居平在寅、申宮時，其人身材不高，中矮，比前者易胖，身材略粗，但算瘦型。若是貪狼、擎羊，或貪狼、陀羅在辰、戌二宮入命，其人也不瘦，或體骼粗壯，但身體有傷，運不好。貪狼、擎羊，或貪狼化忌、祿存，在子、午宮入命時，其人會瘦型，體格不健康。貪狼、陀羅在寅、申宮入命時，有『廉貪陀』之格局，體型粗，腦子笨，不會很

胖，易有桃色糾紛。

巨門單星入命宮的人：

巨門單星入命宮時，會在子、午、辰、戌、巳、亥等宮出現。以在子、午、巳、亥等宮為居廟和居旺的，以在子、午宮的人長相最易發胖，會長得胖胖大大的。在巳、亥宮坐命的人，為中等身材。在辰、戌宮入命宮的人，較瘦小。

巨門坐命的人，或命宮出現巨門星的人，都好吃食，又好吃零食、宵夜，對食物挑剔，多半是美食主義。普通巨門坐命的人，會骨骼較大，所以好吃的人，就容易肥胖。但某些挑食、挑剔的人，反而不會胖了。命宮有擎羊同宮的人，特別古怪，愛挑食、會瘦，胖不起來，命宮有陀羅同宮的人。要看陀羅居廟，還是居陷，更要看其人身體是否有病，有病的人，會胖大、瘦不下去。沒病的人，會頭大、身瘦、樣子笨。

天相單星入命宮的人：

天相單星入命宮時，會在丑、未、卯、酉、巳、亥等宮出現。天相在丑宮居廟時，就會長相胖胖大大的。在巳、亥、未宮居得地之位時，屬於中等身材，但好吃的時候會略發福、發胖。天相居陷坐命在卯、酉宮的人，天生為瘦型嬌小的身材，即使胖一點，也不會成為大胖子。

天梁單星入命宮的人：

天梁單星人命宮時，會坐命於子、午、丑、未、巳、亥等宮，天梁在子宮或午宮居廟坐命宮時，其人的身材較高大一些。在丑、未宮居旺坐命時，較中等身材。在巳、亥宮居陷入命宮時，為瘦型或瘦弱的身材，個子也不高。

凡天梁單星入命宮的人，其人的身材骨骼為橫寬、前後稍扁平體型，天梁和紫微星一樣是屬於厚重型的星曜，因此該命格人的體型也很像，尤其居旺時，會胖胖大大的，有些向下垮垮的，像歐吉桑的身材。某些堅持能保持身材，自我抑制力大的人，多半命格中有化權、擎羊、陀羅、火、鈴或化忌，這些強力在影響其人生命運的星曜，才會剋制住其人的身材不往天梁的宿命身材上發展。否則天梁坐命的人，都是中年以後，下半身骨盤是較寬、胖胖的、向下墜的。

天梁坐命巳、亥宮的人，不胖、較瘦，但某些人也會中年以後有歐吉桑的體型出現。其人活動力強、喜東跑西跑，在家待不住，但未必真會去運動健身。只是愛到處逛而已。

③ 人有先天胖或先天瘦

七殺單星入命宮的人：

七殺單星入命宮的人，都是會坐命於子、午、寅、申、辰、戌等六個宮位。七殺坐命申宮的人體型較高大，其次是子宮或辰宮的人。

坐命於寅、午二宮的人是中等身材，也有矮小的。坐命於戌宮的人在七殺命格中是稍矮小的。

整個說起來，七殺坐命的人，很少有胖的，他們都是骨骼堅硬、外露、好動，看起來骨肉緊實，絲毫沒有贅肉的人。因此七殺坐命的人，要是會發胖，變胖子，一定是身體有病了。縱使命格中有羊、陀、火、鈴同宮的人，也不會有大胖子的體型，而為瘦型的人。

破軍單星入命宮的人：

破軍單星入命宮的人，會在子、午、寅、申、辰宮等宮入宮，這些破軍坐命的命格都是在旺位以上的命格。破軍居旺的時候，為五短身材、個子不高、肩背厚，看起來有點虎背熊腰，較壯。也看起來容易較胖、較肥，因此常是一群在減肥的人。大陸前國家主席江澤民先生、台灣前立法委員陳文茜小姐，是破軍坐命子宮的人。許水德先生是破軍坐命辰宮的人。藝人蔡頭、董志成也都是破軍坐命的人，還有兩性專家黃越綏小姐，這些人都有典型的破軍坐命的身材，屬於矮胖型的身材。

倘若命宮中有破軍加文昌或破軍加文曲，為主窮困的命格，那其人就不會胖了，反而瘦型的人。

破軍加擎羊入命宮，或破軍加陀羅入命宮的人，要看羊陀的旺

度是廟？是陷落？如果是居廟的，擎羊、陀羅的力量強，其人身型會壯碩。如果是居陷的，其人會瘦弱。

破軍加祿存入命宮時，是『祿逢沖破』格局，其人是瘦型的。

祿存單星入命宮的人：

祿存入命宮時，其人都會瘦型。不論是和別的星同宮，或是祿存單星坐命，皆是如此，只會有些人看起來骨骼外露較寬或大。有些人臉大一些，有此命格的人，因被羊、陀所夾，故不會成為胖子型的人。其人會膽小、畏縮，沒自信心。這種命格的人，有時候也要常在減肥的，已經很瘦了，還要減肥。前國民黨主席連戰的夫人，連方瑀女士，即是祿存坐命的人，外型已是瘦型人了，據說也是終年在減肥挨餓。所以這是命格所造成的心態問題，非關健康了。

昌曲、左右、魁鉞坐命的人

文昌坐命、文曲坐命、左輔坐命、右弼坐命、天魁坐命、天鉞坐命，以上皆為六吉星坐命，其實都應歸類於空宮坐命的範圍之內。因為這些星曜雖有其特性，但影響力小。凡上述坐命者，必參詳其對宮（遷移宮）的星曜，而能知其性情、外貌、體重的型態。

例如文昌坐命申宮，對宮相照的是機陰，或是對宮相照的是同梁，這兩種命格其外貌、體型仍會有不同。但是總體的來說，上述這六種空宮坐命的人，都不會發胖到大胖子的程度，只會在某些程度的小範圍上做體重的伸減，而且此六吉星坐命的人，都十分愛漂亮，也會成為時常在減肥的一族。

羊、陀、火、鈴、劫空坐命的人

羊、陀、火、鈴、劫空這些單星入命的人，基本上也是空宮坐命的人，故其人也不會有太胖的問題。

擎羊單星坐命的人，要看坐落於何宮，代表其旺度，如果在子、午、卯、酉宮出現，就會是居陷位的擎羊坐命者，其人會矮小或稍瘦高，都不胖。例如具有『馬頭帶箭』格的前部長城仲模先生，命宮在午為擎羊坐命，其人外型為瘦型、不高，因對宮有居廟旺的同陰相照，臉型為橢圓型，鵝蛋臉呢！

擎羊如果是居廟坐命，在辰、戌、丑、未等四土宮，其人就會較稍粗壯些，如果是很瘦了，那表示刑剋十分重了，會有生命不長久的隱憂。

陀羅坐命

陀羅坐命的人，會在寅、申、巳、亥四個宮位居陷，其人會矮小、較瘦，但仍要看其對宮相照的星曜而定。其人身材是扁寬的，看起來有點肥，但不是真胖。陀羅在辰、戌、丑、未四個宮是居廟的，有此命格的人，身體較壯碩粗重，尤其對宮是武貪，或同巨時，易是胖壯形的人。

陀羅入命的人，都會有頭顱圓圓的，像個球一樣很大很重，身材易肥胖粗短。因此他們會用較頑固的方法來減肥，或是偶而道聽途說一些減肥方法，就當成真的，努力去減肥，一直到出了問題為止，才知道自己上當了！

火星、鈴星坐命

火星、鈴星坐命的人，其實不論命格旺弱都不會肥，但居陷時在申、子、辰等水宮時，其人會更瘦一些，他們皆是好動和衝動的人，故不會太胖。普通他們沒有減肥的煩惱。即使偶而心血來潮，隨流行來減肥一下，會三分鐘熱度，很快就過去了，忘掉了。

天空、地劫坐命

天空坐命或地劫坐命的人，要看對宮的星曜來決定其體格型態，但都不是胖型的人。天空、地劫如果在旺位、廟位時，其人都瘦小，如在陷位，如在申、子、辰宮會瘦高。例如天空或地劫坐命於酉宮，對宮有紫貪或陽梁相照時，其人都會矮小及瘦型。而地劫或天空坐命於丑宮，對宮有日月相照時，其人較高大，骨骼較大，其實也不胖，但因骨骼較大的關係，會看起來胖胖大大的。

天空、地劫二星同坐於巳、亥宮，對宮是廉貪的時候，在亥宮是矮胖型，在巳宮是瘦型略高。

其他空宮坐命的人，皆可由命宮對宮相照的星曜來代替命宮星曜來觀看自己命格的特性，例如命宮是空宮在午宮，對宮是同陰在子宮，此雖不胖，但圓潤、外觀很柔美、臉上偶而有一點嬰兒肥。

又例如，空宮坐命申宮，對宮有陽巨相照的人，其人也不會太胖，但因對宮有太陽、巨門的影響，故其人會臉圓圓的、大餅臉，又喜好吃食，所以經常在減肥，也未必能達成所願。

由以上得知，**人的體態形貌已由先天性的條件所限制住了**。所以任何人想減肥，都會減得有限。事實上，你也必須在有限的條件中減肥，減太多，也可能造成後遺症，刑剋到身體，與你本命的財，將來也未必是好的。

前些時候，有一位用百萬元來減肥、美容的人工美女不斷地在電視媒體上亮相。其實她只是造成一種話題而已，這位全身都動過刀的人，勢必刑剋已重，大家可觀看她未來是否遇有好的消息出現，我想最後是不了了之的。因為人的身體也是一種財，動太多手術的人，雖是把外表搞的合乎當時社會的價值觀或審美觀了，但實際對自己來說，已是元氣大傷。所以他一輩子未必能賺到大錢。也未必富有，或躋上名門之列。後面會講到什麼樣的人，會有大膽和決心，來變臉或做整型、減肥手術，因為這些都是使自己身體受剋嚴重的事情，並不會真為自己帶來好運的。

④人的性格決定減肥方式與成功與否

我嘗說：算命就是『算時間』、『算運氣』。好像算命都是算人周圍一些環境中的事，與本人沒有什麼關係似的。

其實不然！**我所謂『算命』的真正意義是算：當一個人放入任何一個環境中，先把時間點與空間運氣的部份算好，就可知道此人的命運了**。因為時間和空間都會影響一個人的性格的，而其人的性格就決定了命運的方向了。

例如：古人云：『由儉入奢易，由奢入儉難。』儉樸和奢華是兩種不同的環境，一個是窮環境，一個是富環境。但人由窮環境進入

富環境時，是暢快愜意、意氣風發的。但人由富環境進入窮環境時，易垂頭喪氣、懊惱不已，十分不情願，自然萬事皆難了。

通常，大家也**以胖為富，瘦為窮**。**或以健康為富，以病弱、不健康為窮**。現今科學生技發達，對我們的身體有了更進一步的瞭解，人不但追求健康，更追求美麗與年輕，所以病弱的瘦型，也不算完美的典型了。

在人追求體型的美感時，有些人是因為愛美的關係去減肥。例如太陰坐命、巨門坐命、天機坐命的人，有些人是因工作需要，不得不減肥。有些人是因健康問題而須減肥，例如心臟病及糖尿病患。有些人是因失戀或遭逢巨難，或因情緒失控，而體重突然降低。例如殺、破、狼命格的人。但真正要減肥，還是會由個性主導整個的減肥過程。個性就是『意志力』，有『意志力』的人就會減肥成功，而不復胖。

第一節　那些人對減肥最有意志力

在減肥方面，最有意志力的人，首推命宮有擎羊星的人，不論你是擎羊單獨坐命，或是有擎羊和其他星曜一起同宮，其人都會在減肥方面很堅決，很狠，不達自己目標體重，決不甘休。

為什麼命宮有擎羊星的人這麼有決心、毅力來減肥呢？

這是因為他們在性格上既敏感又霸道、剛強，又非常固執、愛計較，內心時常矛盾，常常為了體重稍增零點幾，馬上就不能忍受，要立刻減肥了。很多擎羊入命的人，有潔癖、吃東西挑食、偏食，性情古怪，會給自己立許多自以為高尚、優質的規矩、目標。

擎羊入命的人，是非常自私的，永遠把自己放在第一位，記憶力好、記恨心強、恩怨分明，有仇必報，馬上就報，很衝動，不會等待。當他覺得胖了一點，肥肉就是仇人時，便立刻對其加以處理了。不會拖拖拉拉、坐視不管。所以減肥的意志力非常堅決。擎羊入命宮的人，也會用非常手段去減肥，不怕痛。例如抽脂手術及美容手術來雕塑自己的外型。以前有一些會做臉頰削骨手術來美容塑造瓜子臉的人，其人命格中必有擎羊或陀羅。因為削骨手術十分疼痛，也只有擎羊入命的人才忍得下來。有陀羅入命的人會動手術來減肥、美容，多半是因為笨的關係，聽別人說這樣又快又好，才去做的，但事後的疼痛會讓其人受不了又哇哇大叫了。

羊陀入命，都是一種刑剋。必有血光、傷災，再加上擎羊入命宮的人，有自己特殊的固執，很難化解，容易有心病，處處懷疑別人，也懷疑自己，整天疑神疑鬼，像一根針一樣，常常刺別人，也會刺自己，所以也會刑剋自己。凡人身體受到過太重的刑剋，也不會為其人帶來太多的錢財，而更可能的是：其人是依靠別人生活的人，連能賺錢的能力也無多少了。

其次比較有意志力減肥的人，是命宮中有七殺星的人，包括了紫殺、廉殺、武殺坐命的人。其實紫殺坐命的人不太會為此事勞碌。廉殺和武殺坐命的人，天生也不會有多胖，只是三、五公斤的波動而已。

前面說過，命宮有七殺星的人，都不會太胖，他們只是骨骼稍大、橫寬、較重，骨骼外露而已。而且他們有堅強的意志、不服輸的性格，如果減肥被他們視為必做之事，他就會克苦耐勞，堅忍不拔的，很有魄力的去執行這件事。

再其有意志力減肥的人，就是太陰坐命的人了。包括了機陰、同陰、日月坐命的人。但這些雙星坐命的人的意志力，還不如太陰單星坐命的人來的強。

太陰坐命的人，會為了自身的美麗而減肥。太陰是浪漫、相思之星，喜歡談戀愛，『喜為悅己者容』，這是必然之事。很多太陰居旺的人，身體豐腴，稍不小心，就會長出小肥肉出來。但他們愛美的很，每天愛照鏡子，會對自己的身材很小心，所以也能即時發現，馬上忌口來減肥，而且很堅定的要馬上看到成果才行，這些人也算是意志堅定的人了。

太陰居陷坐命的人，原本就會瘦，沒有胖者，但有時走到好一些的大運或流年也會稍胖一些。這些人同樣的會有愛美的意志力來敦促他們減肥成功。

上述是三種最有意志力減肥的命格，有些人會說：我也有減肥的意志力呀！為何沒有我的命格在其中呢？我告訴你吧！不論怎樣，你仍是無法和這三種命格的人來相比的。他們若是要達成減肥的目的時，減肥就像一種宗教信仰一般，像回教徒，傍晚五點必定停下工作來至教堂朝聖禮拜，這是其人一生長期的信仰與工作了。

第二節　那些人對減肥最缺乏意志力

講起缺乏意志力的人，比比皆是，但那些命格的人最離譜呢？

其實，減肥這件事是自我要求的問題，和工作上的意志力又有略微不同。有些人會在工作上要求嚴格，但對自己身材不太重視。有些人沒有太好的工作能力，但整天在瘦身美容。你看！那些酒店中的小姐，或被包養、操淫業的人，那一個不是天天在減肥瘦身呢？

所以，當我們專談減肥的意志力不佳時，你就會發現，或是懷疑？我的命格是不是不好，為何被列入沒有意志力的一群呢？

現在來談一下，那些人會在減肥時意志力不那麼好。

在減肥的過程中，**紫微坐命的人**，會較愛享受、喜歡美麗、精緻的東西，或自以為高尚、不喜歡別人在自己身上揉捏，喜歡美食，要減肥會去找知名、價位高、裝璜美麗的減肥中心去減肥，但效果不怎麼好，會做做停停。**天府坐命的人**，也是喜歡物質享受，錢用在自己身上很捨得，但其人有自成一格的價值觀。一般天府坐命的人，體型都還不錯，也很優雅，少有大胖子的尺寸，因此減重對他們來說，在心態上不算難事，因此他們也不見得要下多大的決心才能減肥。

貪狼坐命的人，小時候瘦，到三十歲左右，開始其基本體型了。命格居旺的人，開始會胖壯。貪狼坐命的人，基本上也會有瀟灑的好身材。但要看這顆貪狼星貪的是什麼？喜歡吃美食的人，就會發福。喜歡穿的人，會保持身材，不致於太胖，還有一些意志力在減肥。

天機坐命的人，是愛動手腳，也愛動頭腦的人，在運動方面或文科、設計方面都自不錯的能力。其人也命格屬木，有瘦高的體型。但命格受到刑剋時，就會變胖，也就是健康不佳，會病態的肥胖。天機居廟時，某些人也有胖胖大大的體形，但嚴格的說起來，天機坐命的人，多半會由於運氣的變化，而有胖瘦的增減狀況，是非常明顯的。

大家都會認為**天同坐命的人**比較愛享福，所以呢！在減肥方面會意志不堅定。的確！天同坐命的人，若已很胖的話，是很難減得下來的。命宮中有天同星的人，大多數都是臉圓或稍寬、大臉，體型也有些橫寬，所以感覺起來有點胖胖的，而實際上，很多人的骨肉緊實或緊貼，並不真胖，命宮有天同化權的人，身體會比較結實。

有些人在觀念上並不認為減肥是一件重要或嚴重的人。天天在重視減肥的人，都是有外型需要，或是自己本身很重視外型的人。某些人很重視工作，天天忙碌奔波，而使身材變了型，胖了也瘦不回來，沒時間運動。你若說他沒有意志力，這是不對的！因為他們把意志力放在工作方面了，而覺得減肥是小事而不重視或忽略它認為以後有空再說。這些人以廉貞坐命的人為最甚。所以廉貞坐命的人中年以後有矮胖的體型。破軍坐命的人有時候也會如此認為而不在乎自己的體型。

假如你是一個算命的

⑤ 對減肥有效的運氣

在平常，我們常認為運氣有衰運、有旺運。有好運、有壞運，也有不知所以，或模糊不清、感覺不出是什麼運氣的運程。

通常，從命理學的角度來說運氣，不論書上或命理老師都教你：吉星居旺時，就是旺運。凶星居陷或是有羊陀、火、鈴、劫空、化忌、殺破等星在的運氣，就是惡運、衰運或壞運。一般來講，這也沒錯！

但是我們從減肥的角度來講時，因為減肥的『減』字就有減少或約制的意義，因此，在要運用運氣方面，某些觀念好像就不是這樣了！

現在，我們先來看看在減肥時，可運用的運氣有那些？

對減肥有效的運氣

1 用『約制性』的運氣來減肥

所謂『約制性』的運氣，就是指運氣走到擎羊、陀羅、火星、鈴星、地劫、天空、化忌等凶星的時候的運氣。因為這些運氣有些會計較，有些會不愛動，活動會減少，因此我們可以利用這些特殊星曜的特質來主掌我們想要減肥成功的運氣。

擎羊運：

一般走擎羊運時，都要小心會有血光傷災，尤其有『廉殺羊』、『武殺羊』或『廉相羊』之『刑囚夾印』格的人，要小心性命存活的問題。但是擎羊運也有一些有趣的現象，對減肥是十分有效的。

普通，當每個人走擎羊運時，例如流年或流月、流日，走到擎羊運，其人就會善於鬥爭，善於計謀、陰謀、多計較、強悍、霸道、不講理、有理也講不清、自私、衝動，容易感情用事、記恨心強、很乾脆、不喜歡拖拖拉拉，表面上又恩怨分明、有仇必報，敢愛敢恨，感情是十分敏感的。

如果這個人是擎羊運時，在外面隨便聽到一個不認識，或不相關的人說他胖，他就非常生氣了，立刻回家減肥，而且很痛恨那個曾說過他胖的人，一輩子都不會忘記他，一定以後有機會要報仇，顯示給他看自己瘦身的身影，或是想辦法說些挑剔到對方也很肥胖的話語去刺激他。走擎羊運時，人的言語刻薄、挑剔、尖銳、一針見血，容易刺傷人。但因自己也敏感，也容易被人刺傷。

當每個人走擎羊運時，會狠得下心來做一些克制自己的事情。

例如：某些有特殊疾病的人，如有糖尿病的人，不能吃甜食及澱粉類食物，情況嚴重的人，常會偷吃甜食，不能克制。但其人走擎羊運時，便十分乖巧，很能克制，而且自動自發的不吃了。也瞭解周遭的人是對他好，才讓他禁食的。

又例如：在我自己減肥的過程中，我自己也是深深的感覺到擎羊運是能痛下決心，克制食慾，經得起挨餓，意志力堅強、不易動搖的絕好減肥運氣。

擎羊運既善於鬥爭、計較，又有剛強、武斷、乾脆的手段和意志力，不善加利用，真太可惜了！在每個人天然循環運氣中，就有擎羊運，每個人都有利用它的機會，不要視之如蛇蠍，只等著傷災、血光、刑耗入門，坐等傷痛，而失去運用擎羊星或煞星來為自己做一點事的時機，那也就更可惜了！

擎羊運也會是個操勞、辛苦的運程，因此你可用此運氣增加運

動量，多做運動，增加減肥效果。

不過，某些人的擎羊星，是和貪狼天機些運星同宮的，這時候，其人會不愛動。他們會在擎羊運時，給自己找一大堆事情做，而無法去運動，沒時間運動，所以這樣就不太好了！他就無法運用擎羊運做更進一步、更有效的減肥了，最多只是不吃或少吃一點而已了。亦有人的命盤中擎羊和紫微同宮，這個人就容易享些小福、小快樂，也沒辦法確實執行減肥計劃了。

當一個命盤中的天相、擎羊在丑、未宮，或紫相、擎羊在辰、戌宮時，是『刑印』格局，擎羊居廟和天相在旺位，其人逢此運，在減肥上也是不利的，無法確實有效的減肥的。因為當人有『刑印』格局時，其人意志力不堅定，容易受外來欺侮，也容易自己懦弱、諂媚強者、屈服暴力等。這種現象在有『廉相羊』之『刑囚夾印』格中更為明顯．因此格中擎羊居陷，廉貞居平。就會自以為聰明，暫時屈服，其實是做了笨事，此格局也和黑道、非法之事有關，故有此格局在命盤中時，又逢此運，皆不是有正派思想的運程。

倘若在你的命盤中，**擎羊是陷落的，在子、午、卯、酉四個宮位**，這是非常具有陰謀、善於鬥爭、有些自私，又十分十分愛計較的運程，凡是走到此運時，無論你的擎羊是否和其他星曜同宮，有些人會有『擎羊和紫貪』同宮，或『擎羊和陽梁』、『擎羊和廉破』、『擎羊和機巨』、『擎羊和天府』、『擎羊和太陰』、『擎羊和天同』、『擎羊和廉破』、『擎羊和武殺』、『擎羊和天相』、『擎羊和天機』、『擎羊和巨門』、『擎羊和貪狼』、『擎羊和武曲化忌、天府』、『擎羊和七殺』、『擎羊和同陰』、『擎羊和破軍』、『擎羊和廉相』。凡此，你就可利用上述運程和自己的體重，或身上的肥肉博一下、鬥一鬥了！

其實人在走擎羊運時，會強悍無理、挑剔、挑嘴。尤其是走擎羊陷落運時，挑食的毛病更嚴重，也會胃口不佳，或因小事而生氣，對自己身旁的人無理取鬧，挑釁事端。有很多人走此陷落的擎羊運時，會和家人或在外和人有爭執，有時也是因小事爭執，而發生血光問題的，就是因為擎羊陷落時有自私、小氣、計較、嚕嗦、不甘心、愛挑剔人的毛病所造成的。現在你知道了擎羊運的毛病和問題，你就乾脆利用擎羊運在家減肥，或做斷食瘦法，或乾脆清清腸胃，還對自己的健康有利一些。不過擎羊陷落運不想運動的情形，還是要克服的喲！

陀羅運：

一般人走陀羅運時，都是笨運，沒有一個人逃得了笨的狀況。人走陀羅運時，會像陀螺一樣，原地打轉，轉不出來，這是指頭腦

思想轉不了彎、頑固、不能變通，反應遲鈍，容易有傷災，鈍器所傷之災，也容易牙齒受傷，或壞牙、爛牙。所以常常是在陀羅運時掉牙或拔牙。陀羅運也易皮膚不佳、較粗、毛細孔大。

陀羅運更容易自做聰明，貪便宜，或偷偷做一些見不得人的事，而以為別人不知道，而後患無窮。例如某些人有『廉貪陀』之『風流彩杖』格的人，就逢到該運，容易有貪便宜的想法，而做一些不正常的色情勾當，容易有緋聞或男女關係影響自己的事業或家庭。凡是有此格局的人，又有不良行為的，最後終會爆發出來。到某一個時間點就會爆發，只是快慢的問題而已。

人在走陀羅運時，容易被騙。因為人在走陀羅運的時候，不願相信自己家的人，或自己熟悉的人，而寧願相信外人。因為自己熟悉的人，幾兩重你都知道了，所以你會輕視他們，而覺得外面不熟悉的世界中一定有高人，結果就被騙了！原來世界上沒有高人。很多人在走陀羅運時，被推銷東西而上當。人在走陀羅運時，也容易買到一些瑕疵、不佳品質、破爛、無用的東西，最後都堆在那裡沒有用到。

人在走陀羅運時，心裡會很悶，又不想和家人或自己熟識的人說，有時候自己一個人悶在那裡，簡直要爆炸了！所以想到外面走，結果就碰到陌生人向你推銷。有時候他也剛好說到你內心的痛處，因此會讓你上當了。通常在算命時，有些走陀羅運的朋友向我訴說內心很悶。我都勸他們用跑步或運動、跳繩、游泳等消耗體力的方式來解除鬱悶。

要知道人內心會鬱悶，是體內血氣不通的原因。常常也是因為有事悶在心中思考太久，也是煩惱悶在心中太久了所致的。因此，用運動來活血運氣，就能打開鬱悶的心結。**變換眼前的環境也是一個方法**。常到人多的場所，如百貨公司、銀行去接觸人氣，少自閉

在一個小房間中，自然會好。但千萬要記住少消耗花費，少帶錢，以免耗財。陀羅運也是易耗財的運氣喲！

我們要利用陀羅運來減肥時，就是利用其頑固和操勞的特性，以及原地打轉、反應遲鈍的時候，你可以規定自己做一種減肥運動，持續做一、兩小時，因此陀羅運用來做規律及規格化的工作是再好也沒有的了！

陀羅運是笨運，是頭腦不開化的運氣，因此無法用來創作、設計或發明新事物。它是一板一眼、像木頭、石頭，很堅硬、剛強、固執的，像一塊硬鐵或大石頭一般的固定在那裡，也不容易移動。所以陀羅坐命的人適合做軍警業，一個口令、一個動作，他會做得好。千萬別叫他企劃或組織人、事物，必定多是非，也做的亂七八糟的。

也因此，我們可以在陀羅運時，立下一個目標或規定。例如你要在一兩個星期，或一個月中瘦五公斤之類的規定自己。也規定每天幾點到幾點去運動。**你要看你的陀羅在那一宮位**，例如在未宮，就是下午一點至三點，那你就利用此一點到三點的時間運動。你一定就能堅持下去，繼續下去。尤其是在陀羅月，整個月的陀羅時辰，都會很有陀羅意志力的。

所以說，陀羅運雖一般不稱為好運，但善加利用其特性，也是能『運』盡其用，**惡運、衰運也能當做好運來用的**。

火星運、鈴星運

火星運和鈴星運都是有古怪聰明，又急躁、衝動、靜不下來，愛東奔西跑、脾氣大、火氣大，做事馬虎、愛追流行，追時髦，做事三分鐘熱度，虎頭蛇尾，對人不耐煩，沒禮貌、沒耐心。對人也不真誠的運氣。人在走此運時，臉上易長痘痘、皮膚很糟，毛細孔

大，易出油，容易發炎，或有皮膚病、紅腫等狀況。這都是火氣大的緣故。其人還睡眠品質不佳，睡覺時，一下子想到東、一下子想到西，思緒雜亂，睡不著，有時一急又跳起來了，乾脆不睡，而熬夜了。

火星運或鈴星運會很操勞。火星運或鈴星運也很聰明。兩星居廟、居旺時，其人的聰明古怪一點，還向正派上發展，若在申、子、辰宮或卯、亥宮居平時，會向邪派發展，容易想些投機取巧或自做聰明之事，而自食惡果而不吉。此運都是非常衝動的，說是風就是雨的！動作很快，不能忍耐。而且別人稍慢一點，他就大發脾氣了，做什麼事也不多想，當然就常常出錯。可是他也不會心痛和可惜機會失去。凡事都三分鐘熱度，喜好新鮮感，新鮮感一過，就不再有興趣了。

人在走火星運或鈴星運時，喜追求流行及時髦的東西，這就是

喜好新鮮感的癖好在做祟。所以人在走此運時要減肥，一定是要找一個最新、最炫的、最時髦、最快、最迅速的方法來減肥的。但其後面的效果或後遺症，他是全不管的，倘若你向他提及這些效果或後遺症的問題，他還會十分聰明的，用減肥業者的廣告詞來頂撞你，而覺得你太遜了！走此火星運或鈴星運時，其人就像飛蛾撲火一般的要投入自己感興趣的時髦事物之中，旁人想拉也拉不回來。

我們要利用火星運或鈴星運來做正常減肥時，就要利用其愛勤的性格，或受新鮮的性格影響，或愛新鮮的性格，尋做一些新鮮運動，或一些新鮮的食品來幫助你減肥，以防你在減肥過程中枯燥乏味而放棄了。

人在走火星運和鈴星運時，很喜歡逛街和逛百貨公司，喜歡看漂亮及新潮設計的東西。所以許多女性朋友姐姐妹妹們可把吃的注意力轉到穿新衣注意力上去。另一方面多走走路和逛逛街、逛百貨公司也可運動多一點。但千萬別忘了！火星運與鈴星運同樣也是迅速耗財的運氣。所以你不要因此而失彼，因小而失大，就不划算了？而且你正在減肥，不可買太多衣服，未來也未必用得到！

天空運、地劫運

天空運是人內心的想法空空的運程，所以人會常想不到一些事情就會發而發生了。表示人沒想那麼多了。

在你的命盤上，你的天空星和什麼星曜同宮，就表示你是對何何事而沒想那麼多了，關心不足了。就像某些人的天空星是和天梁星同宮於父母宮，那其人容易父早逝，或與父母緣份淺，父母對他的照顧沒那麼慈愛周到。而長大以後呢！如果父母還在的話，他對父母的照顧也一樣沒那麼周到了，但仍會照顧的。這是先天性格和環境磁場相互影響的關係所致的。

倘若在你的命盤中，不論在那一宮有此『天梁和天空』同宮，你若用此運來減肥，要注意天梁的旺弱。天梁居廟、居旺時，都易身體積水較肥胖的，再加天空時，你容易不照顧自己的身體，或對自己的身體照顧不周到，所以你會任性而為，吃些沒營養的東西，或是不愛動、不想動，所以此運會一事無成。你若要利用此運來減肥，就乾脆吃些蒟蒻等，卡洛里及熱量低的食品來減肥。因為此運你不太會照顧自己了，你可在前一個運程時，預先去訂一些這些食品或找友人、商店幫忙，幫你訂購這些食品，到時候你就可以此來減肥了。當天梁陷落和天空在巳、亥宮同宮時，同時也會有地劫同宮，你會無為而治，什麼都沒做的來減肥，這一天你還挺瘦的呢！

天空和天同同宮，是『福空』。表示內心對享福還沒什麼想法。另外也是有些茫然的懶惰，也沒享到什麼福。不過此運中，除了生病之外，你也不會太胖。因為你也沒什麼特別愛吃或想吃的東西

了。

『天空和貪狼』同宮，『天空和天機』同宮都是『運空』格局。表示其人的腦子或內心沒感覺到運氣在浮動、竄動，所以忽略掉了運氣曾到自己身邊來過，而沒確實抓住。逢此運時，要看貪狼和天機的旺度，居旺時，還有運氣，不會全空，居陷時，才運氣少，又成空。人逢此運要減肥，會把握不住機會來減肥。例如原先有幾天假期可讓你專心減肥時，但到時候你又把假期用去做別的事了，所以沒減成。

『貪狼和天空』還有另一層意義，是『貪心成空』或『不貪了』。貪狼星是顆貪心的星曜，當它和天空同宮時，易貪不實際的東西，或貪對自己沒有用的東西。有時也不想貪心了，對什事都沒與趣了。所以當你的盤中有此貪狼和天空同宮時的運氣，想用來做減肥時，最好的事就是不貪吃了，也能循規蹈矩的遵行減肥守則，好好減肥了。

『天機和天空』同宮，也有另一層意義。那是『變化成空』和『聰明成空』。天機是多變的星，也是聰明的星，天機居廟、居旺時，尤其愛變化、愛耍聰明。但有天空同宮時，會變化少，也少耍聰明，或是變來變去而成空，白做了。或是要一些不實際的聰明而一無所獲。所以你若要利用此運來減肥，有時候你會動也不動，順其自然，有時候你會自做聰明而功虧一潰。

若天機居平和天空、地劫雙星一起同宮時，表示運氣空茫的可以了，什麼運氣都成空，所以你無為而治就行了，根本也不會太胖或發胖的。

在所有的『天空和某星同宮』的格式裡，就以減肥來說，**就以『天空和巨門』同宮最好了**。巨門是口舌是非、吃食之星。當人逢此運程時，會口舌是非減少，偶而也會有莫名其妙的口舌是非，但

也會來的快、去得快，自動消失。在吃的方面，其人會不挑剔了，但也對吃食興趣不大了。更表示其人會講一些癈話，和沒有意義的話語。表示其人的口才沒那麼好了。所以在減肥過程中，此項算是有利的運氣。

天空運有很多類型，讀者可以參考法雲居士所著《對你有影響的『天空、地劫』》一書來掌握、明瞭其運氣。

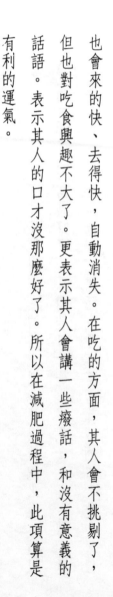

地劫運

地劫運是受外來劫入的想法的運程，在此運中，你常常會看了一本書，或道聽塗說，或聽廣播，或突遇不認識的人推銷而聽信一些事情，但結果是不好的、耗財啦！或失去原來擁有的東西啦！或是脾氣古怪、孤獨、少人緣。

在你的命盤上，你的地劫星和什麼星曜同宮，就表示你會因何

事被劫入，改變你的想法而失去一些原本屬於你的好的東西。所以受外界影響少，就會被劫走的少。地劫的格局也和天空一樣，有

『劫蔭』——『天梁和地劫』同宮。

『劫運』——『貪狼、地劫』或『天機、地劫』。

『劫福』——『天同、地劫』或『天相、地劫』。

『劫官』——『紫微、地劫』、『太陽、地劫』、『天梁、地劫』、『廉貞、地劫』等。

（凡要瞭解天空、地劫的特性，請看法雲居士所著《對你有影響的『天空、地劫』一書》。

凡是你想利用地劫運來減肥的人，可利用地劫的特性、有好點子、可在精神上轉移目標，就不再把注意力放在吃飯上，或零食上。人在走地劫運時，有時候會一下子對新鮮的事有興趣，但亦會突然又沒興趣而跑開了。情緒起伏很大。人走地劫運時，也容易一

會兒做做這、一會兒做做那，沒有特定目標，會一事無成。不過用地劫來減肥，你也許會胃口不好，而少吃一點是優點吧！

化忌運

人在走化忌運時，思想會古怪、人緣不好，自己易躲起來，少和人來往。這也有好處！這樣就會少一些應酬、飯局，自己在家吃清淡一些，就能減肥了。

化忌以年干不同，有十種化忌。每一種化忌有其特殊的意義，例如甲年是太陽化忌，就是和事業及和男性關係有關的不順利了。

不論你逢到那一種化忌的運程，你都不會太胖，除非你身體有病痛外，例如有些人水腫，就是疾病的關係，因此要看病看好了，才會瘦。

有些人行運到某化忌之年，或本命有化忌，例如廉貞化忌、巨

門化忌，體型會垮垮的，挺不起來。一般人也覺得他們好像很胖。那還是本身身體內有些問題，健康狀況仍不佳所致的，也會容易有開刀現象。所以你更需要增加運動的時間、減少應酬，努力利用此時來調養身體了。

2 用愛漂亮的運氣來減肥

太陰運

前面曾說過，太陰坐命的人，會因愛漂亮而減肥。因此自然是每個人都會有自己的太陰運，也就是愛漂亮的運氣了。

人在走太陰運時很敏感。但也要看你命中的太陰是旺是陷落，太陰居旺時，非常敏感，愛漂亮的心也特別堅定，對減肥之事特別賣力和關心。太陰居陷時，敏感力較弱，愛漂亮的心是有，但程度

上有差異。而且堅定力不太足夠，也不算很賣力和關心，會偶而關心一下，但仍比別的時候算是愛美的了。

人在走太陰運時，特別女性化、細心、細膩，對細節小事都很清楚，臉上長了一顆小痘子都會心情不佳，恨之不能除之快矣！女性是如此，男性走到太陰運時，也同樣是愛漂亮的運程，自然會和周邊的同性比一比，看誰長相好、斯文？若不如別人或被人挑剔，內心還是敏感受傷害的，也會想發奮來減肥的。現在有很多男性也會在女友或老婆的幫助之下來敷面，注重皮膚的美觀。這是很好的一件事，以前有很多男性大男人主義，不重視臉面上的問題。但人都是靠著一張臉在求生存、過生活，與做事業，有前途的。如果面色不佳，一付倒霉相，也接不到生意。如果粗俗不堪，一張黑黃的臉，縱使有『陽梁昌祿』格，也無法有好的讀書運與官運。因此，大家都在重視自己的臉面問題。重視自己臉面的人，就是愛面子的人，自然會愛惜名譽、肯上進了。

人在走太陰運時，會因愛漂亮，或愛談戀愛，情感上有舒發，會對自己要求高。人走此運時，會有潔癖，自然會更增其減肥的意志力了。

文昌運

文昌運也是個愛美的運氣。但一定要文昌居旺才行，文昌在巳、酉、丑、申、子、辰等宮是居旺的。人走此運時，就會比較文質彬彬、愛讀書、斯文、秀氣。舉止言行上像個有教養的上等人，或大家閨秀或紳士。

當人走文昌運時，會十分精明幹練，動作迅速、頭腦聰明，腦袋和身體反應力特強。當然，這也是個輜銖必較的運程，計算能力好的關係。也因此你會對你自己的體重特別精確的瞭解是胖了？是瘦的，十分明瞭，也不會自己騙自己，或對自己的肥胖視若無睹，你會起而行的來解決它。因為不解決它，不減肥的話，就無法優雅的和人講話了，也無法優雅的見人了，因此你非努力不行！所以在減肥的過程中，會利用此運，能精確的算出你所需的卡洛里數，與執行減肥方法的準確性，更能算出幾天可瘦幾公斤出來。

倘若在你命盤中的文昌是居陷位的話（在寅、午、戌宮），那這個運程，你會邋邋遢遢的過日子，你根本不想減肥，也絲毫無視於身材變型，根本都無關係，所以你也沒煩惱了。

文曲運

文曲運也是個喜歡表現自己可愛、喜歡顯現自己有才、美貌的一個運氣。但也需文曲居旺才行。往往很多人命盤中的文昌居旺時，文曲就居陷，文曲居旺時，文昌就居陷，也有人兩星都居廟或旺的。要用來減肥，是以文昌居旺為首要。因為文昌主掌人的外表斯文秀氣的美麗。而文曲主要表現在可愛方面，當人走文曲居旺運時，會喜歡講話、唱歌、跳舞、口才好、才藝多，是靠此才藝、人緣，而得到別人的喜歡的。

因此若用此運來減肥，最有用的，就是可參加舞蹈社團，多運動或做瑜珈、體操、韻律舞、跑跳、打高爾夫球、籃球、游泳、打乒乓球活動來減肥了。這樣能加倍效力。

另外要講的，**是紫微運**，一般人都認為『紫微運』最好了，一定可用來減肥。但是紫微運是高高在上、愛享福，自以為現在這樣就很好了，因為都可平順度過，所以『紫微運』時反而沒有奮發力，會得過且過。而且自以為高尚、美麗、受人尊敬。所以胖一點也沒關係，因此紫微運雖是愛美、喜愛精緻、高級物品的運程，卻不可能用來減肥。

3 用『殺、破、狼』的運氣來減肥

大家都知道『殺、破、狼』格局在人生中是最具有決斷力、最有魄大的運氣了。自然用這個運氣來減肥是鐵定能成功的了。但是這也不一定喔！還要看你的殺、破、狼會和誰同宮，才能決定成敗。

七殺運

例如：**七殺運，單星獨坐的運氣是好的**，你也會忙碌，也會有方向來努力及忙碌、打拼。用此運來減肥，就一定有成效。因為這是勞碌的運程，因此你一定會替自己安排許多活動和運動，例如參加減重班，或到健身房運動，或聯絡友人一起去至操場運動。所以你會充分利用時間來達到減肥的效果的。

倘若七殺和天空或地劫同宮，你就不一定會很忙了，也許很清閒，又或是忙了半天，不知忙什麼，所以你也不會去運動，也不會忙減肥的事，會錯過減肥的時間，也不覺得可惜。

倘若是紫殺和天空、地劫四星同宮的運氣，你什麼也不會做，會茫然的浪費了這個時間，直到此運氣度過，到下一個運氣時，你會去做別的事了，也不減肥了。

破軍運

破軍運是個愛打拚，但又不重小節、有點邋遢和破爛、不講究美觀的運程。大膽、臉皮厚，凡事無所謂，什麼也不在乎。倘若你會在此運中會減肥，你一定是和人打賭了，為了要贏也不得不減

肥。如果真是這樣的話，也沒什麼不好的。你可把減肥當做一件事情、一個目標去努力達成，這也可能會成功的。因為破軍運有打拚精神，如果再有賭注是金額高的獎金或大利益，你一定會與高采烈的全力以赴的。

倘若在你的命盤上，有『破軍和文昌』同宮，或是『破軍和文曲』同宮，這兩種運屬於窮運和帶水厄的運程，你也可能在逢到此運時，會因內心窮的關係而自然而然的少吃而減肥了。因人在走窮運時，內心窮，胃口會不好而少吃，就會瘦。

倘若你的命盤上有『破軍、擎羊』同宮，你就要小心每隔六年或十二年一次的血光傷災，車禍或開刀，而使你失血而瘦了。有『破軍、陀羅』的人也是一樣，要小心傷災或破產拖很久而瘦弱了。

貪狼運

貪狼是好運星，只有和廉貞同宮時，是廉貪雙星皆陷落，故運氣差，其他都算是好運機會，一般人不會拿此運來減肥，因為好運會用做賺錢或考試，或找工作，或做一些其他重要的事情。

貪狼運還有貪心的意義，和人緣好以及有偏財運的好機會，是故走貪狼運時，人的應酬多，飯局多，人緣來往機會多，而且常有一些突發而來的好機會，你根本無法控制，除非你的貪狼運有瑕疵，例如貪狼和擎羊同宮，或是貪狼和天空或地劫同宮，或是貪狼帶化忌，否則平常正常的人，都不會用此運來減肥的。

如果在減肥期間，例如月份是別的星，例如是用擎羊月來減肥好了，那流日走到貪狼日時，怎麼辦？你也要十分小心的克制自己的貪心少去參加應酬和儘量不要吃太多，因為人貪心也會貪吃，所

以都是不好的。當流月是擎羊月而流日是貪狼時，表示該月份運不佳要小心度過，而流日中有一點點貪心，其時也貪不多的。只有貪狼居旺的流月會貪吃的厲害，就無法用來減肥了。逢到廉貪運的流月、流日最適合拿來減肥，會運氣不好，就貪不成了，因此會少吃。

4 用『強勢或發奮圖強』的運氣來減肥

在運氣中屬於強勢的、發奮圖強的運氣，首推化權的運氣了，但必須主星居旺的化權才有用。主星居陷的化權，是想做又無力做成功的無用的化權。

例如說：我看到一位天梁化權坐命午宮的小姐，其人對減肥十分執著，她的工作也在做美容，因此他會嚴格的要求自己要很瘦，稍為胖一點，就大驚失色，很多天都不吃東西，很有魄力的減到她所認為滿意的體重才罷休。但仍時時虎視眈眈的注視自己的身材，毫不馬虎。

所以當你命盤中有這種居廟的天梁化權時，用此運氣來減肥，是鐵定成功的。

另外還有『**破軍化權**』，要訂定目標、或打賭的激勵才會減肥成功。

『**天機化權**』：如在子、午宮一定能減肥成功。因為會有擎羊同宮或相照，就是更加一層的意志力、計較力了。因此一定會成功的。

『**天同化權**』：天同化權是強力要享福，是強勢的要自然而然，凡事會歸於原位。因此倘若你的命盤中的天同化權是居平、居陷的，尚可用來減肥。如果是居旺、居廟的，會白費力氣，也不想減或減不成。

『**太陰化權**』：是最適合減肥奮鬥的運氣了，因太陰運會愛美，加化權以後，就更加愛美，故要用什麼手段來減肥、愛美都一定會成功的。

『**貪狼化權**』：是掌握好運的好運氣，而且一定會主導好運的。因此不會用來減肥。若是一定要用此運氣來減肥，必有其他目的影響，因此，大致也會成功，但一定會復胖的。

『**武曲化權**』：是對錢財方面能掌握的好運氣。人在走此運時，會較有錢，但很小氣。你一定是看到有打折扣，或不用錢，而參加這樣的減重班來減肥的。通常此運忙著賺錢，賺錢機會好，所以不會浪費在減肥方面。但有必要時，例如和賺錢有關時，你會放下所有的事，不顧一切的來減肥。因此你的減肥是和賺錢有關的。

『**太陽化權**』：是指在事業上能掌握好運氣，或還對男性和陽剛之氣能掌握住，或有主導力。此運若是男子命格，就有大男人主義，若是女命，則有大女人主義。此運氣有大而化之。不重小節的狀況，因此在事業上屬於大事很能拚命及掌握，對於減肥這樁事，相形之下，就屬於小事了，故未必會去全力以赴了。

『紫微化權』：是指在復原能力和享福上會主導力強，能達成復原及享最優質的福氣。在減肥這樁事上，是和紫微愛享福、愛享受高優質享受，是抵觸的。因此此運未必適合來減肥。也許減了一半，而吃進去更多好東西，而功虧一潰。

『巨門化權』：就是強力要吃、要講話、有說服力，黑的說成白的，死的說成活的。就算有再好的理由，他都想吃，會說服你和他一起吃，因此根本不談減肥之事了。

倘若巨門化權是落陷的，走此運時，會心理嘀咕不停、唸唸叨叨，仍會吃不停，吃自己挑選專精的，自以為不會發胖的東西，而不減肥。

星曜帶化權，在意義上，是更加強主星所代表的意義而已，雖具有一定的強制作用，但實際並不會在其他的事情上增效力。

5 用『陷落星曜』的運氣來減肥

當我們走太陰居陷的運氣或天機居陷的運氣時，或天梁居陷、天相居陷、巨門居陷、貪狼居陷（廉貪）、破軍居陷（廉破）等運程時，人都會比較瘦，以及運氣不好，會較窮，情緒也會不佳，自然也會胃口不好，吃不好、吃得少，也能減肥，達到瘦身的效果。所以有些原本不好的運氣，若對於能減肥來說，就不算壞運而是好運了！

⑥有礙減肥的運氣有那些？

前面既然講過『對減肥有效的運氣』，自然也會有些運氣是負面的運氣，會阻礙減肥成功的運氣。

現在講到這邊，你可能會嚇一跳喔！因為原先你以前所認為好的運氣，現在都可能是阻礙你變瘦、變漂亮的壞運氣了呢？現在來講會阻礙你減肥的運氣有那些？是如何來造成阻礙的？

先講

天同運：

天同運是福運，十分愛享福，也有福可享，不論旺弱陷落，都

自己就愛享福也有福可享，也是屬於懶惰的運氣。人在走天同運時，會怕麻煩、怕勞碌，而不想努力，或不想改變。而且吃也是一種福氣，天同坐命的人，也都十分愛好吃食的魔力。人走此運時，也十分愛玩耍，玩樂中也一定會和吃有關，所以天同運會和減肥形成敵對態度，也根本不想著手做這項事。

天府運：

人逢天府運時，其人愛好物質生活的享受，也會好吃食。人天性中以為吃好吃的東西就是對自己好。也自私的把自以為是好東西往自己嘴裡塞。因此人在走天府運時，喜歡吃價位高的東西、享受豪華餐點最好了，但人在此運又會小氣，對別人小氣對自己大方，最好是別人來請客付賬，而你自己享用豪華大餐就好了。

當人走紫府、廉府、武府的時候，也都是十分小氣的運氣，也重視物質享受，所以看到好吃的東西不吃，是十分痛苦的事。每個人在走天府運時，都會想犒賞自己一下，或是想高級、豪華一下，天府運還特別想吃、愛吃，對吃精通，而吃了超出平常為多的高級食物進肚子，會增加膽固醇過高的危險。因此此運是無法克制、會有礙減肥的。

天相運：

人逢天相運時，其人對吃、穿這方面的生活享受也特別鍾意。天相也是福星，要是你的命盤中之天相居廟的，你逢此運時，會豐滿圓潤一點。多半天相居廟的人好吃、精通吃、愛吃，有一部份的人是愛穿的。所以愛吃的人，就不太重視外表體型了。

尤其當其人的體重超過一個標準之後，他就完全不在乎了而繼續胖下去。因此你若走在天相運，又變胖了一些，就要趕快減肥了，不然會一發不可收拾的胖下去了。

紫微運

紫微運在面講過了，是自以為高高在上，喜歡享福、喜歡享自以為高尚的福氣。人在走紫微運時會享受高價值的東西，絕對不會委屈自己，會吃的好、用的好。讓自己身心愉快，所以人在走紫微運時，包括了紫府、紫相、紫貪、紫殺、紫破等運氣，都是絕對不會想減肥的，縱使偶然想到，也是開開玩笑而已，不會確實的去做，去實行。因為紫微運是享福最重要了，想享受尊榮的待遇最重要了，那裡會過簡樸生活，而要減肥呢！

巨門運

巨門運就是一個好吃的運，所以很難在一個應酬多、常常有美食相伴的時刻，而要求其人減肥。那個人又如何忍受得了減得下來呢？

巨門運就是一個動嘴巴的運氣，一方動動口講話，愛講話。一方面動口吃東西，好吃零食，嘴巴不停。一面吃又一面講。除非有天空、地劫、擎羊運，也未必能治得了好講話與好吃食的病。

太陽運

太陽運是大而化之的運程。而且幾乎太陽運的三合、四方宮位都有巨門，因此人走到太陽運時，其實也好吃、好講。並且走太陽運的人心胸開闊，不太在乎別人說他胖。他對自己是很能接受自己的體重和外形的，絲毫不會為這種小事而煩惱的。太陽運有粗獷和陽剛的性質，因為不在乎外型，故對減肥來說，會不積極，故也會阻礙減肥的效果。

紫微星曜專論

此書為法雲居士重要著作之一，主要論述紫微斗數中的科學觀點，在大宇宙中，天文科學中的星和紫微斗數中的星曜實則只是中西名稱不一樣，全數皆為真實存在的事實。

在紫微命理中的星曜，各自代表不同的意義，在不同的宮位也有不同的意義，旺弱不同也有不同的意義。在此書中讀者可從法雲居士清晰的規劃與解釋中對每一顆紫微斗數中的星曜有清楚確切的瞭解，因此而能對命理有更深一層的認識和判斷。

此書為法雲居士教授紫微斗數之講義資料，更可為誓願學習紫微命理者之最佳教科書。

⑦ 用運氣來減肥的步驟

現在要來講『用運氣來減肥的步驟』了。我首先要請大家瞭解的是，這一套用運氣來減肥的方法，是用每個人天生自然在運行的運氣來減肥，是絲毫不需再加人工造作、人工手術，只要能在特定時間中，像老莊學說中的無為而治，以當時此刻的心情做依據，順其自然的過日子，就能減重瘦身了。這是完全用不到再多思考、多額外的做些什麼事，只用當時運氣的內容，就能輕鬆減肥的方法。

用運氣來減肥的步驟：

第一步

先找出自己的命盤出來，若沒有命盤，請至網站上找可印出命盤的網站來印。金星出版社的網站可免費印命盤：http://www.venus.@venusco.com.tw

第二步

從自己的命盤上先找出意志堅定的、適合減肥的運氣、時間出來，先用色筆圈起來做記號。

第三步

再從命盤上找出好吃、喜歡吃的運氣時間，以及不能貫徹始終的時間及運氣，或是容易功虧一潰的時間或運氣出來，再以不同的色筆做記號。

第四步

為自己立下一個時間表和目標體重。

因為紫微命盤上有十二個宮位，就是十二格，以日子來說，運氣運行十二個宮位一遍的時間是十二天為一旬，是不夠減重減很多的。如果你只想減兩、三公斤，那你就用半個月，一旬十二天的時間來減重。如果你要減五公斤左右，你就必須要一個月的時間左右才行。否則會太傷身體，就等於刑剋了。

我們中國人算命都是用農曆，算運氣也用農曆來算。所以你若選定了前面所說的適合減肥的流月，你就從初一開始做一個減肥的過程。這樣你比較好掌握每一天、每一時辰的運氣。

普通農曆中，小月二十九天，大月三十天。所以你用一個月為一期來減肥時，其時在命盤上十二宮只循環了兩次半。某些運氣（有一半的運氣）會走三遍，有些運氣只走兩遍。所以你想有堅定的意志力來狠狠減肥的人，你就可先算好流月、流日，把那些具有狠勁的日子，具有意志力的日子，讓其循環三遍。若你怕減肥太痛

苦了，你就把帶有辛苦運氣的日子放在只循環兩次的位置。這樣就不會減肥減的太痛苦了。

以我自己減肥為例，我的目標是：我希望一個月之中能減五公斤。而且為了讓自己有決心、有毅力來減肥，我選擇了走『擎羊運』的月份來減肥。只有運用時間的減肥，不必挨餓，照樣可吃東西，只是多找出了一些運動的時間，以及把注意力放在減肥這樁事情上，全神貫注的來減肥而已。

下面是用我自己為例的減肥實錄。

1 先把命盤中的宮位與星曜分辨出來，分出適合減肥的時間與不利減肥的時間

太陽化祿 癸巳	破軍 文曲 右弼 甲午	天機 乙未	紫微 天府 陀羅 左輔化科 文昌化忌 丙申
武曲 壬辰			太陰 祿存 天空 丁酉
太同 辛卯			貪狼 擎羊 戊戌
七殺 庚寅	天梁 地劫 辛丑	廉貞 天相 鈴星 庚子	巨門化祿 火星 己亥

※以上有灰網的宮位是可減肥的運氣時間

以上命盤中有灰網的宮位是能減肥的運氣時間。

我在我的命盤中選擇了六個適合減肥的時間：

①『貪狼、擎羊』：

我是以此月中有擎羊運，而選用此月來減肥的。再說，『貪狼、擎羊』是『刑運』格局，因此當月會應酬少，人也會自然而然的不想應酬及不想參加朋友的飯局，自然可減少吃油膩東西的機會了，另外，擎羊運很操勞，可強制逼自己多運動一點。而且擎羊運還是敏感、計較、較自私、挑剔、頑固又意志力強的運氣，故為了達成減肥目的，挨得住餓，也狠得下心來做對自己有益的事，是能跟自己身上肥肉說拜拜的最好運氣時間了。

而且，這個『貪狼、擎羊』的運氣在戌宮，在時辰上屬於晚上

七時至九時的時間，因為此時間非常具有意志力不吃東西，故晚飯可省略，或少吃（因為這個時辰中有擎羊的關係，幾乎是不想吃東西的）。

②『太陰、祿存、天空』運：

此運在日運中是太陰居旺，是非常愛美的時間，但太陰居旺也會對自己特別好，特別體貼，平常那就要小心，會在此時會吃下一些自己平常愛吃的點心之類的東西了。還好，此運中還有祿存，是保守、小氣的星，也會自己管自己，膽子小，所以既使吃會吃不多，也會膽小不敢吃。還有一個天空星，是『祿逢沖破』因此常不吃，可以為了漂亮來減肥。

此運在酉宮，在時辰上屬於傍晚五時至七時的時候，故五時至七時也不想吃東西或少吃了。尤其可看其時連續至九時之間都會吃的少或不吃了。但要小心下面的一個運氣是『巨門化祿運』，是好吃的運氣。

③『天機陷落』的運：

此運是運氣直直落，心情也直直落下去的運氣，因此心情不佳。有時候也會出現一大堆雜事或麻煩事，讓你忙個不停或解決不完。有時，那些讓你忙碌的事非常沒意義又不得不做的事，讓你內心更嘀咕不停，心情更煩。天機陷落在月運或日運、時運中通常是諸事不宜的。因為『天機陷落』的意思就是愈變愈壞、愈變愈笨的意思。所以人在走此運時，根本沒食慾，或根本沒時間吃飯。也因此月運逢此，你自然就會瘦一點。而日運逢此運，你自然就沒吃東西，而節制了一天。時運逢此，也沒時間吃飯、吃東西了。因此也不需要任何意志力就減肥了。

『天機陷落』在我的命盤中是在未宮出現的。因此在時間上代表下午一時至三時前的時間，因此這段時間在控制吃的方面會成功。但因時間運氣不好，不能多做運動，也要小心會有傷災、不吉之事發生。『天機』代表手足，故『天機陷落運』的時辰要小心手足傷、骨折及扭傷。或手足筋骨酸痛。

④『破軍、文曲』運：

此運是窮運，且有水厄。因此在此運中不能去游泳或坐船遊玩。人在走窮運時，一方面心情不佳，一方面會內心吝嗇小氣。內心的想法會窮打算。常常會想怎麼樣去省錢。因此人在走窮運時，根本不會賺錢，或卻一直會去想如何省錢。結果容易因小失大，或該大方投資的沒投資，以致讓後來的時間運氣中會更萎縮，使後來成功的機率跟規模都會減少和減小。所以窮運時是『心窮』，就會有

窮觀念、窮想法，以致妨礙了自己未來的發展。

但是窮運用來減肥最好了。你就會捨不得吃，省著吃，很節儉的吃，就對自己的身體減少了脂肪的吸收，這未嘗不是一件好事。

（『破軍、文昌』也是窮運）

這個『破軍、文曲』運在午宮，因此是午時，就是從中午十一時至下午一時中間這段時間。

人在走窮運時，也會很勞碌，又得不到好處·常易做些吃力不討好或破耗大、收獲少，或沒價值的事情，且最容易有傷災、血光，是最要小心的！因此不要用來運動較好。我自己本人就在此運中很有經驗，曾在此時辰中出過車禍、及腳扭傷，因此不會在此時運動。另外，在健康法則上，因中午身體的氣血也運行至胃部、中焦，故也不適合運動。

⑤『太陽化權』運：

此運有強勢的意志力，而且是在對工作、對事業上強制的意志力。因此把減肥當做一種工作來做，就會全心全意、全力以赴能成功。

⑥『七殺運』：

此運會非常忙碌、操勞。也會埋著頭苦幹，不太管旁邊的人在玩或在做其他的事。你只會自顧自做自己想要做的事。所以七殺運也適合減肥，而且意志力很強，為達目標，絕不手軟或放棄，有一股傻勁。

但是因為此七殺運的環境是紫府（其他的七殺環境也是武府或廉府），所以七殺運雖辛勞，又有意志力，但不會虧待自己。所以你若在減肥方面不能多吃、要少吃了，那你就會用另一個代替方案來獎勵或犒賞自己，這樣走殺運時的內心才會平衡。（其實七殺坐命的人也是這樣的，在忙碌之後，會用物質上的享受來回報和犒賞自己。）

所以你在走七殺運時，可先想好：將來瘦了，可為自己買一件漂亮衣服。或是瘦了以後，送什麼貴一點的禮物給自己。但千萬不要想到瘦了以後再去吃什麼好吃的，否則會功虧一潰。

『七殺運』因為對宮有天府，因此都愛花錢，而且有錢花，所以會用物質享受來交換辛勞的代價。再加上七殺是大殺將，將軍要出外搶奪財物，要拼命殺伐，才能據有財物，因此無論七殺坐命的人，或每個人的七運程，都是以物質、金錢、經濟觀為考量的觀念想法，同時也是十分現實的想法的運氣時間。

2 把不利的減肥時間也挑出來

不利的減肥時間有：①巨門化祿、火星；②廉相、鈴星；③天梁、地劫；④天同；⑤武曲；⑥紫府、陀羅、文昌化忌。

①『巨門化祿、火星』運：

此運因巨門居旺，又帶化祿，會特別愛吃，而且常有口福。這在平常或古時候算是好運了，但在現今減肥階段，它就是對減肥的滯礙了。再加火星，代表常有突發性的口福。這在減肥上更不好了，常意外有吃食機會，會打斷減肥的程序。我也是因為如此，而常減肥到一半時，有人邀約吃飯，礙於情面和關係的輕重，沒辦法拒絕，一直減肥減不成。這也是我必需選用『貪狼、擎羊』的運程，會應酬少的時間來減肥的原因。『巨門和火星』同宮，常會有突發的口舌是非或災禍，但有巨門化祿時，一切可用口才來化解，再加上對宮居旺的太陽化權相照，因此環境中有強勢的男性幫忙，自己本身也對男性有主控力與主導力，也對事業有主導力，故此『巨門化祿、火星』運的負面問題不大，只是在減肥方面是個困擾而已。

因『巨門化祿、火星』在亥宮，在時運方面較不佳，這是晚上九時至十一時之間的時間。我也常因忙碌中飯、晚飯都沒準時吃，算是生活品質不好的人，而且常弄到九點以後很餓才吃飯。這和我的命盤格局的時間有密切關係。所以這是減肥上的第一個時間上的問題及阻礙。

②『廉相、鈴星』運：

廉相運本來就個料理善後、重複整理事情或東西的一個運程。

廉相運會修復事情，所以逢此運時，會把以前欠缺的，或不好的事修復起來。因為此運中廉貞居平、天相居廟，天相是勤勞的福星，故會傻傻的一直做，也會傻傻的享福。有鈴星同宮時，會忙一些古怪的事，或享一些古怪的福。但忙碌多一些，是更增忙碌而已。通常我會在這個廉相運的月份、流日、流時做大掃除，整理家裡及書房的工作。在晚間子時（在十一時至凌晨時一時）會做整理、清潔環境的工作。

廉相運也有『一元復始』的涵意運氣。而且好的開始是成功的一半。所以人走到廉相運，心情會很好，會又充滿了希望，又有好的開始了。

廉相運也會因天相福星居廟的關係，會進財，會平復前面兩個運程進財不多的煩惱。此運中要小心不要吃奇怪的東西，享受新奇的食品，因為天相居廟也是好吃的星曜，再加鈴星有古怪聰明，故要小心此運的時間中會嚐試新奇的食物，會給減肥帶來負擔。

③『天梁、地劫』運：

人在走天梁居旺的月運、日運時，都會體內水多，容易稍有浮腫現象，再加地劫，會有突然發生浮腫現象。那是外來侵入的，有時候會突然喝下大量的水，而浮腫。所有有此種『天梁居廟、居旺』的運程時，要小心腎較弱、膀胱有些脹或鬆弛，要常去廁所排尿才好。

天梁是蔭星，通常走天梁居旺運，就是有貴人運。而又有地劫，就是會有突然有事把貴人拉走，而沒有貴人運了。但不一定，有時仍是會有貴人的。

人在走此運時，也要小心，不要喝太多水，要控制飲水量，否則體內水多，也是害處，更容易阻塞了貴人運。人的體內以中和、中庸之道為最佳。水多會浮腫，也是病了。

此『天梁、地劫』在丑宮，是夜時一至三時前的時間，故從晚間起就不宜多喝水，要控制飲水量了，否則在丑時就會水囤積在體內，而造成浮腫的主因，也會加重腎臟和膀胱的負擔了。

④『天同居平』運：

天同運本來就是個愛玩、愛享福，較懶惰的運氣。天同居平時，會有一點勞碌，但此勞碌會與享福之事或玩樂之事有關。因此是為了玩或享受而忙碌。況且，此天同居平運的對宮是太陰居旺，所以會做一些愛美的享受，或為愛美而忙碌。我發覺每逢此運，會較喜歡佈置自己的環境，例如在書房中插花，或看一些較美感的書畫或東西。此天同運，也喜歡去買漂亮衣服和吃好吃的東西。會過一些愜意舒服享受、優質悠閒的生活。但無論如何，此運中都不喜歡做太辛苦的事，雖愛美，但也不會來減肥。

此天同居平運在卯宮，代表卯時，是早上清晨五時至七時之

間，我常在七殺運（三點至七點）很忙碌，在趕稿，至天同運時才上床睡覺。故天同運真是個和休閒有關的運程。

⑤『武曲』運：

此運是『財星運』。財星運就要進財，因此會很忙碌、奔波。通常人在走財運時，就會努力工作、賺錢，不會想到做其他的事情。除非有『刑財』格局，才會把進財的運氣拿去做其他事而浪費掉。

此武曲運居於辰宮，是墓宮，故不愛動，又會由於忙碌而忘記運動。同時此運也是一個對『吃』很馬虎的運氣。亦會吃飯時間不規律，及吃的很節儉。人在走武曲運時容易吃素。由其中年以後逢武曲運的人，多半會吃素了。

人在走武曲運時，要小心肺部、氣管及大腸方面的毛病，也就是要小心感冒及不愛動所產生之便秘、氣脹等問題。所以，走武曲運要如何強迫自己運動很重要。

⑥『紫府、陀羅、文昌化忌』運：

此運也是個不愛運動的運氣，紫微、天府是屬土的星，很穩定、沈重、不愛動，再加上陀羅，會很笨拙的自轉或根本轉不開，所以都不愛動。文昌化忌在申宮是居旺的，化忌就有『古怪』的意思。文昌化忌，就是在讀書與文件、文學、契約方面有古怪的現象。所以在工作上，我就成為了一個寫命理書的作家。而在減肥方面，表示此運不愛動，文昌代表大腸方面的問題，故大腸方面會有古怪的現象。紫府也代表脾胃方面的問題，以及土多蓋水，及易有水腫現象，陀羅易有濕氣，也是有傷災、不順，以及肺、氣管及大腸方面的問題。因此綜合起來說，此運就是不愛動，愛享受高級、好一點的享受或吃食，但實際上也同時會造成腸胃不佳的問題。因為有紫微在的關係，它會平復一切不佳狀況，故也不容易顯現出來到底有那裡不好的，所以全會平安度過。但要小心在下午三時至五時，不要算帳，以免出錯。

3 先根據自己的命盤，把自己一天當中，每個時辰所經歷的循環整理出來：

例如：我的紫微命理格式是『紫微在申』命理格式，又是辛年生人，因此：

我**在子時**，走廉相、鈴星運：要小心忙碌、肚子會餓，而多吃宵夜，宜早點上床睡覺。

在丑時，走天梁、地劫運：要小心不要多喝水，最好禁水，以免水腫。

在寅時，走七殺運：要小心太忙碌或看書太晚而不易入睡，最好在子時就睡覺了。

在卯時，走天同運：睡覺中。

在辰時，走武曲運：宜早起，強迫自己運動．早餐不宜油膩或太甜。

在巳時，走太陽化權運：早上工作精力充沛的時間。

在午時，走破軍、文曲運：此運中常會忙得沒吃中飯，但要記得吃而且最好在十一時至十一時半以前就吃中飯，中飯會吃得少，有利減肥。

在未時，走天機陷落運：此時心情較低落，宜午睡，但會睡不著，會操勞而東想西想，但什麼事也做不成，亦不會去做。要少喝水，小心手足酸痛。

在申時，走紫府、陀羅、文昌化忌運：此時會解決一些平常鎖事，要小心不要多喝水，以免水腫，也需要常站起來走動或簡單運

動一下，活動一下筋骨，不要常坐著，以免氣血不通。

在酉時，走太陰、祿存、天空運：此時容易見一些已經約好的人。吃飯常不吃或晚吃。應在正常的晚間六點鐘吃晚飯，而且因為太陰會愛漂亮，祿存會保守，會吃得少，非常好，有利減肥！

在戌時，走貪狼、擎羊運：此時常待在家中，少在外面活動，因有擎羊，是易出車禍、血光的時間。此時也常會因為忙碌而沒吃晚飯。因此晚飯放在六點（酉時）最好了，才不會又過了晚飯時間，沒東西吃，而至亥時又因太餓而吃得過多。

在亥時，走巨門化祿、火星運：此時常會有意外吃東西的機會，有時，是家人回到家裡帶回來一些點心。常因戌時在工作超時，未吃飯而在此時有空吃東西。有時遇朋友請客談事情，會邊吃邊聊，所以在減肥月中，要特別注意此亥時，千萬要不吃或少吃東西，最好能定時、定量的飲食。

把自己一天中時辰分析好，要確實來實行紀律，才能減肥！

4 根據命盤，把減肥月（貪狼、擎羊月）的每天流日運氣記錄出來，加以密切注意監視

貪狼、擎羊月的農曆初一、十三日、二十五日的流日運氣皆是『貪狼、擎羊運』：這一天不用怕，會應酬少，為了減肥很能忍受挨餓，因此一定能確實瘦下來，至少會瘦一公斤。此日若再記得多運動，能瘦更多。但要小心此日易有血光，要小心運動以免受傷。

農曆初二、十四、二十六日會走『巨門化祿、火星運』：此日最要小心突如其來的邀約飯局或是有意外吃食機會，最好推辭掉。要儘量克制自己的食慾，宜讓自己忙一點，轉移對吃的注意力。

農曆初三、十五、二十七日會走『廉相、鈴星運』：此日也會忙一些處理善後的瑣事，但此日最要小心不要吃前幾日留下之剩菜、

剩飯。也容易造成身體肥胖。此日雖不愛動，但還是要運動，要把運動當做一件事來做，選定時間運動。

農曆初四、十六、二十八日會走『天梁、地劫運』：此日會做與名聲、地位有關之事，也會愛看書、學習。此日你會很穩重，也重名譽，也易不愛活潑亂動，此日不宜多喝水，宜多照顧自己的身體。此日凡是對自己身體好的事，你都會去做，因此你會重視健康。

農曆初五、十七、二十九日會走『七殺運』：此日會很忙碌，自己會喜歡為某個特定目標打拚。此月正在減肥，故此月會為減肥而打拚，你會意志堅定的控制飲食，按時運動，因此也定能減重而瘦到。

農曆初六、十八、三十日會走『天同運』：此運要小心愛享福、偷懶，因此會對減肥不利。此運要小心偷懶不運動了，或會稍微多吃了一點東西，另外心情也放鬆，因此容易復胖一點。

農曆初七、十九日會走『武曲運』：此運是個保守承諾的運程。如果決定要減肥，此流日中定會遵守減肥流程來做，禁食及運動都會做到。但此日也會較忙，因此有關減肥的守則是遵守了，不過未必能真正減瘦到。

農曆初八、二十日會走『太陽化權』運：此流日就是全心全力的在為工作之事而努力的日子。此流月在減肥，故減肥就為此時的工作。自然就會為此流月所努力打拚的目標了，因此此日會有一些效果出現。但要注意，此日若有真正事業上的工作目標出現，你就會放下減肥的事，而去忙你真正的工作了，那此日在減肥上就無用了。如果減肥就是你工作中的一部份職責，那你會加緊減肥、強力減肥，毫不懈怠了！

農曆初九、二十一日會走『破軍、文曲』運：此日為窮日，會內心窮，什麼事也不想做，也做不成。有時候又想打拚一些事情，但是容易半途而廢。在減肥的日子裡容易自暴自棄，也容易胃口不佳，凡事不起勁。因此，流月逢此日時，只要沒有太多的意念想法去破財就可以了。也不要大吃大喝就行了。因為有時候人在自己感覺窮時，就會覺得空乏，而想大量的吸收及收集自己認為好的東西，來充實自己。在吃的方面也是一樣。在窮的時間內，肚子也易餓，會更想吃。會沒目的的吃，因此要節制。

農曆初十、二十二日會走『天機陷落』運：此日運氣不佳，會一直往下落，一直會到下午三點以後運氣才慢慢回升，此日尤其在未時（中午一時至三時間）是運氣最低落的時候。因前一個運氣和這一個運氣又是相連的，故很容易對吃中飯馬虎或是不吃，也會中午胃口不好。倘若你很想減肥，這一餐通常你就會省略了。你會自然而然的想省略這一餐來減肥。

農曆十一、二十三日會走『紫府、陀羅、文昌化忌』運：此一天是運氣稍轉好及平復的日子。因為又有陀羅及文昌化忌的關係，會運氣變好的很慢，也會計算能力不佳，多吃了一些對減肥不利的食物。倘若沒有陀羅及文昌化忌的人，運氣會恢復得較快，較會享受對自己好的享受。

在紫府的日子中，其人都愛做一些自以為高級的享受。你可以把注意力轉移到買一件禮品給自己，或是為自己做一件很有價值的事情方面去，少看和吃有關的東西，例如省看電視中的美食節目。亦要外出走動，散步或運動一下，少喝飲料，不要讓體內多囤積水份，這個日子就會圓滿減肥了。

農曆十二、二十四日會走『太陰、祿存、天空』運：此日會愛漂亮，也會保守，因此會自顧自的減肥。但也容易沒有目標的減肥。這時候可以在早上時先秤一下體重，下決心今天一天要減重一公斤或兩公斤，到晚間時再秤一下，看看是否能達到理想目標。通常一天中能減個一、兩公斤是正常的事，但隨後又會回復一些。因為下一天的運程（十三日及二十五日）的運氣又是擎羊運，故會連續兩天減肥有成績，會在第三天走巨門化祿運時，又容易回復一些了。所以巨門運是關鍵點，只要能忍住少吃，持續的保持下去，就體重不會回復或回復得少，也就真正能減肥成功了。

從整個月份的每一日和每一個時辰，都可清楚的掌握住運氣，瞭解了每一個時間點的運氣之後，其實你就可放鬆心情順其自然來過日子了。不需要緊張兮兮的守住每個時間，否則你又會落入時間難熬或日子難熬的減肥狀況之中了。

⑧用運氣來減肥所應注意事項

要使用這套『用運氣來減肥』的方法，雖然方法很簡單，但是仍要注意一些小細節，才會事半功倍的。

注意事項：

1 **用運氣來減肥，是一種利用自然法則**，再稍為少吃一點、多動一下而輕鬆來減肥的方法，**是痛苦少、限制少的減肥方法**，因此在減肥的時間日子上要把握的準確一點。尤其在設定減肥時間與目標時，要特別注意流程，最好是把命盤上十二宮的運氣每一宮都走過三遍，也就是以一個月的周期為最好。實際上一個月，只能走十二個宮位的運氣，運行二遍半，到了二十九天

或三十天，就會到下個月份去了。因此我們用二個十二日的周期，共計二十四天來減肥，也是不錯的。

2 實際上你的紫微命盤上所表現的運氣，其實也是你體內氣血循環，以及食物養分轉換成生命力的一個循環過程。所以你是那一種命盤格式，你就會有那一種體內消化系統循環方式，以及體內氣血循環統的方式。因此先搞清楚，以印證自己身體的循環方式，自然對減肥及保養身體會很有效的掌握了。

例如以前面這個辛年生的人之『紫微在申』命盤格式來說，以一天中的時辰來講，則是以午時、未時、戌時、子時、丑時是氣血較弱的時間。而午時和戌時若都經歷了用餐時刻，故其人會有不正常的飲食方式和習慣，若用流月來觀看一整月中之運氣，也可看出其人身體內循環方式。

※打★的日子是確實能減重的日子，其他的日子都是屬於減肥危

險日，要特別注意。

初8、20日 太陽化權日 此日有決心，會減肥成功	初9、21日 破軍、文曲運 此日亦能減肥少吃，但要小心外力引誘	初十、22日 天機陷落運 此日運不佳，應酬少，也會自動少吃	11、23日 紫府、陀羅、文昌化忌日 此日要小心吃到無利的食物
初9、19日 武曲日 此日會忙碌、易餓，但要堅持、有毅力			12、24日 太陰、祿存日 此日保守，愛美，能減到肥
初6、18、30日 天同日 此日要記得少吃多動，減肥的危險日			初1、13、25日 擎羊日 會發狠心減肥，此日最有成就
初5、17、29日 七殺日 今日很忙，意志力堅定，但仍不要忘了運動	初4、16、28日 天梁日 宜多運動一小時，是拜神祈求神明保佑減肥成功的好日子	初3、15、27日 廉相日 此日也要少吃一口，多運動	初2、14、26日 巨門化祿日 減肥危險日，要少吃

▽⑧用運氣來減肥所應注意事項

※還好，有一半的時間能減到肥，只要把握少吃一點及增加固定運動時間，就可以成功減肥了！

3 **從命盤時間表上，你可看出有那幾日對減肥來說是連續的危險日**，當有這些危險日或連續幾天的狀態時，你應為自己安排一些外出活動，或找一些事情來忙，要轉移自己的目標，儘量不要放在吃東西方面，即使遇到和別人一起用餐，也要記得減少飯量，只要吃以前一半的飯量就好了。

4 例如說：在這些危險會發胖的日子中，**遇巨門運時，可多與家人或朋友聊天**，找一些彼此有興趣的話題來談天，用多講話與情緒、氣氛的快樂、溫暖、融洽、貼心、體貼，來轉移對吃的注意力。

5 例如說：**在天同運時，可安排一些消遣活動**，外出爬山、游水、或與家人朋友做些簡單遊戲。或去參觀一些遊藝活動，儘量不要一個人獨處，或是待在家中。因為一個人待在家中，就容易找東西來吃，又會破戒超重了。

6

如果在愛吃的日子裡，**有時候真的破戒了**，本來說不要吃，後來又沒能戒口時，**要記得只能吃一小口**，千萬不可大吃，只能品一下子味道而已。而且要把運動的時間增長，把熱量消耗多一些，才能補回來能減到肥的體重。

7

減肥時，以清淡飲食為主，不能太鹹，否則會血液濃度增高，減肥時，體內水份不可太多，因此要控制飲水量，尤其睡前少喝水，要有正常的作息。勿吃甜食，以保持體內與攝取太多的鈉、鉀，以防肝、腎的負擔太重而不佳，因此對鈉、鉀量高的水果也應減少食用。

下面我把每一個命盤格式的人，又根據出生年份的條件，呈現在命盤中運氣的概況一一列出，讓大家能簡單的來運用運氣來減肥。

你只要知道自己的命盤是那一個命盤格式，再加上生年的條件，你就能知道自己能確實減肥的月份、時日在何時了，也能知道自己運氣運行的法則是什麼樣在運行的了。這不但對你在目前減肥有利，更對你在以後規劃人生，或經歷每個運氣的過程都有利，你也更能把握運氣時間，穩操勝券而立於不敗之地了！

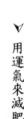

⑨『紫微在子』命盤格式的運氣減肥法

『紫微在子』命盤格式的人可運用的減肥月是：

甲年生人：可用流月行經**卯宮**為擎羊月減肥最有用，其他適合減肥的月份是運氣行經**丑宮**為空宮運，有同巨相照的運氣。寅宮，有破軍、祿存。行經巳宮，有太陰陷落的運氣。未宮為同巨運。**酉宮**有『太陽化忌居平、天梁運』。**戌宮**七殺運。亥宮為天機居平運。

此格局的人，可用來減肥的月份很多，故此盤局又是甲年生人，亦不會胖，甚至不用刻意減肥。

1.『紫微在子』命盤格式

太陰(陷) 巳	貪狼(旺) 午	天同(陷) 巨門(陷) 未	武曲(得) 天相(廟) 申
廉貞(平) 天府(廟) 辰			太陽(平) 天梁(得) 酉
卯			七殺(廟) 戌
破軍(得) 寅	丑	紫微(平) 子	天機(平) 亥

※請注意！因為每個人的生時、生月不一樣，故火星、鈴星、天空、地劫、文昌、文曲這些時系星及月系星（左輔、右弼）皆無法在此命盤格式中出現。因此讀者在觀看自己的命盤時，也要另將這些能減肥的條件自己列入進去。例如文昌、文曲遇破軍為窮運，也為能減肥的運氣及時間。

可減肥的時間是：丑時、寅時、卯時、巳時、未時、酉時、戌時、亥時。

此命格的人，容易重視午飯及宵夜，晚餐常忙碌而吃的隨便。但因為吃飯時間不多，故也不會太胖。

乙年生人：可用流月在辰宮的運氣，有廉府、擎羊運的運氣來減肥。卯宮有祿存的運氣也適合減肥。寅宮有『破軍、陀羅』的運氣，倒是不一定能減肥的，也許會更胖，其他能減肥的時間是流月在巳宮的『太陰化忌居陷』運。未宮的『同巨運』。酉宮的『太陽居平、天梁化權』運。戌宮的七殺運。

可減肥的時間是：丑時、卯時、辰時、巳時、未時、酉時、戌時。

此命格的人，要小心『廉殺羊』格局，會有意外血光身亡之危險，因為『府相同梁』四顆星在命局中不是太弱，就是有破局，福星有損，故其人也不會太胖。

丙年生人：可用流月到午宮，有『貪狼、擎羊』月來減肥。其他適合減肥的月份有流月在丑宮，為『空宮，有同巨相照』的運氣，流月在辰宮，有『廉貞化忌、天府、陀羅』的運氣，巳宮有『太陰陷落加祿存』的流月，戌宮的七殺運，亥宮有『居平的天機化權』運。（在未宮的天同化祿、巨門運會隨遇而安，無法用來減肥）。

能減肥的時間是：是丑時（減肥運不強）、辰時、巳時、午時、戌時、亥時。以辰、巳、午、未時為最強。

此命格的人，以早上到中午、晚上最能克制和減肥，但要小心會多吃下午茶點心和夜十一時以後的宵夜而對減肥不利。

丁年生人：可用流年行經未宮，有『天同化權、巨門化忌、擎羊』的運程來減肥。此外，流月在丑宮的空宮運，以行經巳宮居陷的『太陰化祿、陀羅運』，流月為戌宮的『七殺運』，以及亥宮的『天機化科運』，都能用來減肥。但亥宮的『天機化科運』會有很多小聰明方法，也易投機取巧而不一定能減肥成功。

能減肥的時間是：丑時、巳時、未時、戌時、亥時。午時為貪狼、祿存運，會保守一點的貪吃，故也會吃不多而少吃一點。但不能真正算是減肥時間。

此命格的人，會重視早餐、午餐，而晚餐較馬虎。不過若晚餐沒吃或隨便，他們會用很精緻的宵夜補回來。因此，此命格的人，最好少吃宵夜，就不會胖了。

戊年生人：可用流月在午宮，有『貪狼化祿、擎羊』的月份來減肥。此月你會挑嘴，或貪一些奇怪的東西。也會用高級的方式來減肥，例如到減肥中心花大錢減肥等。但是是耗財多，不一定能真減得好。其他減肥的月份有丑宮的『空宮運』，巳宮的『居陷的太陰化權、祿存運』，未宮的『同巨運』、戌宮的『七殺運』、亥宮的『居平的天機化忌運』。

能減肥的時間是：丑時、巳時、未時、戌時、亥時。午時不一定能有效減肥。

此命格的人，對早飯、中飯會講究挑剔，如果能搭配好，才能有真正的健康。

己年生人：可用流月在未宮，有『天同、巨門、擎羊』的月份來減肥最有效。其他還有的減肥月是丑宮的『空宮運』、巳宮的『太陰陷落加陀羅運』，戌宮的『七殺運』，亥宮的『天機居平運』，以及有『文曲化忌』的運氣。

能減肥的時間是：丑時、巳時、未時、戌時、亥時。

此命格的人，因運氣較好，衰運、窮運比例較少一點，又有武曲化祿、天相和貪狼化權兩個強運，故體型會胖一點，能減肥的時間也少一點。

庚年生人：可用流月在酉宮，有『太陽化祿、天梁、擎羊』運**來減肥**。但此運因太陽西下，身心會懶洋洋提不起勁來，也會全身無力軟趴趴的，此月本來就會食慾不佳、四肢無力、不減也會瘦了，所以選不選此月來減肥，都會自然變瘦了。其他的減肥月份還有在丑宮的『空宮運』，卯宮的『空宮運』，巳宮的『居陷的太陰化忌運』，未宮的『同巨運』、戌宮的『七殺運』，亥宮的『天機居平運』。

能減肥的時間是：丑時、卯時、巳時、未時、酉時、戌時、亥時。

此命格的人，能減肥的時間很多，也表示衰運多，故其人易瘦，不會太胖。其人會早飯、中飯很固定，尤其中飯和宵夜吃得好，而晚飯較隨便。也容易在戌時很忙碌，上補習班，或上夜班，或是加班，做晚上的工作。

辛年生人：**可用流月在戌宮走七殺、擎羊運時**，減肥特有效。其他可減肥的月份是運氣運行到丑宮的『空宮運』，卯宮的『空宮運』，巳宮的『太陰陷落運』，未宮的『同巨運』，酉宮的『居平太陽化權、天梁、祿存運』，亥宮的『天機居平運』等月份。

能減肥的時間是：丑時、卯時、巳時、未時、酉時、亥時。

此命格的人，有一半的時間能減肥。而且一定會不吃晚飯來減肥，如果能早點睡，不吃宵夜，就一定會減肥成功。只要避開子時的紫微運就不會吃宵夜而增肥了。

壬年生人：**可用流月在戌宮。有『七殺、陀羅』的月份來減肥**。因壬年生人，擎羊在子宮和紫微同宮，此雖為『奴欺主』之格局，但紫微有平復力量，會愛享福又享不到太多福，但仍會做些享福的事，故鐵定不會想減肥的。**其他的減肥流月**還有在丑宮的『空宮運』，巳宮的『太陰居陷運』，未宮的『同巨運』，亥宮的『天機居平加祿存運』。(申宮的武曲化忌、天相運會因居廟的天相能擺平武曲化忌，而不能拿來減肥。)

能減肥的時間是：丑時、巳時、未時、戌時、亥時。

此命格的人，『紫廉武』一組的財官架構都受損了(紫微有擎羊同宮又有武曲化忌)，表面上看能減肥的時間不多，好像運氣不錯，但也容易意志力薄弱，減肥也易不成功，會有虛胖的狀況。

癸年生人：可用流月丑宮有『擎羊運』時來減肥最有效。

其他的減肥月份：有在『巳宮居陷的太陰化科運』，未宮的『天同、巨門化權』，戌宮的『七殺運』，亥宮的『天機、陀羅運』。

能減肥的時間是：丑時、巳時、未時、戌時、亥時。

此命格的人，會重視早餐、午餐不是吃得太多，就是沒吃，晚餐時會趕時間，容易吃得不太消化，大致說明此癸年生的又是命盤

▽用運氣來減肥瘦身

格式為『紫微在子』的人，會較體態瘦一點。

紫微成功交友術

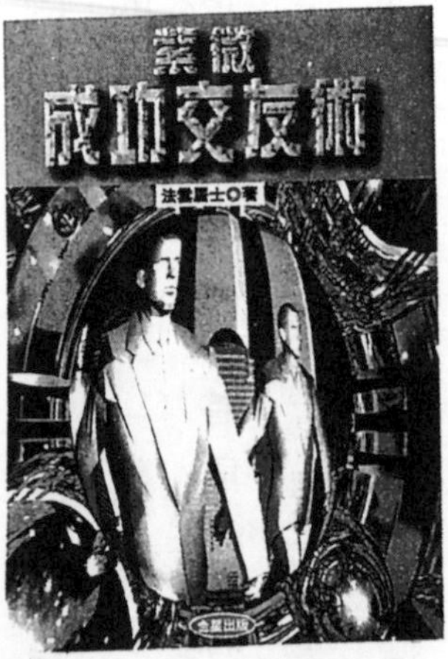

成功的人都有成功的好朋友！

失敗的人也都有運程晦暗的朋友！

好朋友能幫助你在人生中『大躍進』！

壞朋友只能為你『扯後腿』！

如何交到好朋友？

好提升自己人生的層次，進入成功者的行列！

『交友成功術』教你掌握『每一個交到益友的企機』！

讓你此生不虛此行！

⑩『紫微在丑』命盤格式的運氣減肥法

『紫微在丑』命盤格式的人可運用的減肥月是：

甲年生人：可用流月在卯宮的『天府、擎羊』**月的運氣來減肥**。此月是『刑財』色彩的月份，人會小氣、計較。而且會自然而然的瘦一些，也容易生氣。**其他適合減肥的運氣**是流月在辰宮，有『太陰居陷』的月份，流月在巳宮的『廉貪運』，流月逢酉宮的『武殺運』，流月逢戌宮的『太陽陷落運』，以及流月逢亥宮的『空宮運，有廉貪相照』的運氣。

2.『紫微在丑』命盤格式

廉貞(陷) 貪狼(陷) 巳	巨門(旺) 午	天相(得) 未	天同(旺) 天梁(陷) 申
太陰(陷) 辰			武曲(平) 七殺(旺) 酉
天府(得) 卯			太陽(陷) 戌
寅	紫微(廟) 破軍(旺) 丑	天機(廟) 子	亥

※請注意！因為每個人的生時、生月不一樣，故火星、鈴星、天空、地劫、文昌、文曲這些時系星及月系星（左輔、右弼）皆無法在此命盤格式中出現。因此讀者在觀看自己的命盤時，也要另將這些能減肥的條件自己列入進去。例如文昌、文曲遇破軍為窮運，也為能減肥的運氣及時間。

能減肥的時間是：卯時、辰時、巳時、酉時、戌時、亥時。

此盤局命格的人，在早上心情都很差，脾氣壞，常沒吃早餐，到中午時走巨門運時會大吃一頓，享受口福，到晚餐時分，又心情不好，很悶、胃口也不佳了。所以此盤局又是此年所生之人，易手腳瘦、肚子中間肥大。

乙年生人：可用流月在辰宮的『太陰化忌、擎羊』運的月份來減肥，此月會內心古怪，減肥很發狠心，但要小心減過頭，會得厭食症。**其他的減肥月份及日子**還有巳宮的『廉貪運』，在酉宮的『武殺運』，在戌宮的『太陽陷落運』，在亥宮的『空宮運』。

能減肥的時間是：辰時、巳時、酉時、戌時、亥時。卯時有天府、祿存，也能瘦一點。

此盤格局命格的人，還是以午餐有口福，早、晚餐都心情和運氣不佳，不過，因此也不會太胖了。

丙年生人：可用在午宮的『巨門、擎羊』的流月來減肥。此月是口福不佳、又挑剔，會偏食的月份，故只要保持本性，不必太辛苦，自然就會瘦了。**其他的減肥月份**有辰宮的『太陰陷落、陀羅』運，巳宮的『廉貞化忌、貪狼、祿存』運，酉宮的『武殺運』，戌宮的『太陽陷落運』，亥宮的『空宮運』。

能減肥的時間是：辰時、巳時、午時、酉時、戌時、亥時。

此盤局命格的人，會一天三餐不正常，口福不佳，又偏食、挑剔，亦容易營養不良，會是瘦型的人，如果體胖，就一定有病了。

丁年生人：可用流月運氣在未宮是『天相、擎羊』月來減肥最有效。此月為『刑印』格局，會在處理事情或人際關係上懦弱受欺負，但對自己的減肥倒是非常有決心的。這也是自我刑剋的一種方式，流日逢此『天相、擎羊』運也會有時減肥有力量、有恆心，有時又懷疑的狀況。**其次適合減肥的流月、流日為**在酉宮的『武殺運』，在戌宮的『太陽陷落運』，在亥宮的『空宮運』，在辰宮的『陷落的太陰化祿運』，在巳宮的『廉貪陀』運，在午宮的『巨門化忌、祿存』運。

能減肥的時間是：辰時、巳時、午時、酉時、戌時、亥時。

此盤局命格的人，一天中常從早上起床開始，心情就不好，早飯、午飯吃得少，晚飯也無太大胃口，所以也不會太胖。此命格的人，常容易懶洋洋、四肢無力。而且在流日、流月中的運氣好壞互見，十分明顯。一個月中好運的日子，只有三分之一而已。如沒有確實把握，就會一事無成。

戊年生人：可用流月運氣在午宮之『巨門、擎羊運』來減肥，會很有效。因此月也是口福差，吃東西又挑剔、偏食、古怪的月份。而且言語也會尖酸、刻薄，常會弄得周圍氣氛緊張，也不利飲食。只要保持本性，不必刻意減肥，也會瘦。**其他能減肥的月份尚**

有：在子宮的居廟的『天機化忌運』，在辰宮的『居陷的太陰化權、陀羅』運，在巳宮的『廉貞、貪狼化祿、祿存』運，在酉宮的『武殺運』，在戌宮的『太陽陷落』運，在亥宮的『空宮運』等等。

能減肥的時間是：子時、辰時、巳時、午時、酉時、戌時、亥時。

此盤局命格的人，倘若午餐晚點吃，能有愉快的享受，還算有福氣。倘若是個上班族，有固定的午餐時間，其人就鐵定會瘦，因為早、午、晚餐時的心情狀況也不佳，也不會吃宵夜了。會有營養不良和少運動的狀況。更是有易老化現象的情形的。

己年生人：可用流月在未宮之『天相、擎羊』的流月來減肥，最有效。此月也是『刑印』格局，會懦弱或受欺負，但在減肥的事情上，會非常有決心，這是先天性（自然現象）自我刑剋的關係，流日行經此宮也是如此，是對減肥特別有恆心的日子。

其他適合減肥的流月、流日運氣為：在酉宮的『武曲化祿、七殺運』，在戌宮的『太陽陷落運』，在亥宮的『空宮運』，在辰宮的『太陰陷落』運，在巳宮的『廉貞、貪狼化權、陀羅』運，在午宮的『巨門、祿存』運，則會因為有祿存的關係，而吃得保守，及少吃一點。

能減肥的時間是：辰時、巳時、未時、酉時、戌時、亥時。

此盤局命格的人，在午餐時間有自己特有的習慣，及愛好的食物，因此中餐會獨自享用自己的快樂餐點，因此也有偷胖的可能，要小心減肥了！

庚年生人：可用流月運氣是『武殺羊』在酉宮的運氣來減肥，鐵定有效。因這是『因財被劫』，又劫得很厲害的月份。所以此月你鐵定會瘦。什麼事不做你也會瘦。因為此月會心情不佳，很煩，胃口不佳，要小心有傷災。如果有傷災會流血，也會損失精血。精、

氣、神都會差，怎的不會瘦呢？所以凡逢到此月會自然而然的減肥了。此月中尤其到下午酉時（傍晚五時至七時）會特別心情難過，煎熬、四肢無力，全身酸痛，只要過了此時辰，就會慢慢變好、變緩和了。

其他可用來減肥的流月、流日運氣為：在戌宮的『太陽陷落運』，在亥宮的『空宮運』，在辰宮的『太陰化忌居陷運』，在巳宮的『廉貪運』等等。在未宮的『天相、陀羅運』，會變得笨拙、肥胖，無法拿來減肥，此月也會笨得不想減，或是用笨方法，愈減愈肥。

能減肥的時間是：辰時、巳時、酉時、戌時、亥時。

此盤局命格的人，在中午有快樂的午餐時間，而早餐、晚餐都會沒胃口，但宵夜時會精神、興緻都很好，而且是白天的運氣都不佳，入夜以後運氣漸漸變好，愈夜愈美麗，愈快樂。因為子時為『天機居廟運』，丑時為『紫破運』，故易晚睡，會喜歡夜間玩耍或工作。

辛年生人：可用在戌宮的流月運氣為『太陽化權居陷、擎羊』運來減肥，此月會工作想做又沒進展，也容易因計較而沒事可做，或發脾氣全不想做，心情鬱卒，沒勁！因此也會自然而然減肥瘦下去了。此月會對小事計較、亂發脾氣，如果脾氣發到自己身上的肥肉上，鐵能發狠心減肥成功。

其他適合減肥的流月、流日運氣為：在亥宮的『空宮運』，辰宮的『太陰陷落運』，巳宮的『廉貪運』，酉宮的『武殺、祿存運』等等。

能減肥的時間是：辰時、巳時、酉時、戌時、亥時。

此盤局命格的人，會因中午有『巨門化祿』在午時、在午餐時間，未時又有『天相運』，申時又是『同梁運』，因此常晚起，而午餐是快樂時光，可延續到下午五時前。所以從中午至下午五時止，中間的這段時間是他們最愛做飲食及交際活動的時間，也易發胖，早餐及晚餐倒是不會在意了，故要減肥時，要節制午餐的份量，或下午多找工作來做，或是下午多運動一些，多在外走動一些，才能減重。

壬年生人：可用流月在子宮的運氣是『天機、擎羊』運來減肥。此為『刑運』格局，會心情起伏大、煩惱多，會有智謀、陰險思慮的運程，自然也會有特殊的奇怪聰明，亦會因聰明、計較，有些利他人之事不愛做，有時也會做些損人不利己之事。『天機運』是容易變化之運氣，此運不要變化才好，因為有擎羊之刑星在，也多半不會變，否則會不吉。此運易操勞，但不愛運動，要多運動才好。

其他適合減肥的流月、流日運氣為：在辰宮的『太陰陷落運』，在巳宮的『廉貪運』，在酉宮的『武曲化忌、七殺運』，在戌宮的

『太陽陷落運』，在亥宮的『祿存運』。

能減肥的時間是：子時、辰時、巳時、酉時、戌時、亥時。

此盤局命格的人，容易聰明古怪，用一些誤以為迅速的方法來減肥，欲速則不達，且容易傷身體及性命。其實其人中餐少吃一點即能控制體重了。因早餐、晚餐的運氣皆不佳，也不會有太好的食慾來用餐，故只要把中餐的份量減少，即有助減肥成功了！

癸年生人：可用在巳宮的流月運氣為『廉貞、貪狼化忌』運來減肥。此年生人為何不能像其他的癸年生人一樣用在丑宮的擎羊運呢？是因為此命盤格式中癸年生人在丑宮為『紫微、破軍化祿、擎羊』的運氣。此運氣人會強悍，但是和對宮的天相形成『刑印』格局，有時會懦弱，說話不算話，會減肥減到一半又放棄，故不適合來減肥。此運又和『天相、擎羊』同宮的運氣又不一樣了。所以要分別清楚。

其他適合減肥的流月、流日運氣為：在酉宮的『武殺運』，在戌宮的『太陽陷落運』，在亥宮的『陀羅運』，在辰宮的『太陰化科居陷運』。

能減肥的時間是：辰時、巳時、酉時、戌時、亥時。

此盤局命格的人，倘若體型已變得非常肥胖，就無法減肥了。倘若稍胖一點，還有希望減肥。因此此命格的人，在午宮有『巨門化權居旺』，中午時會特別注重吃，而且邊講話邊吃，會吃很多。一天中最注重中午之飲食，早、晚餐都不注重，也喜歡宵夜，而且夜間的子時、丑時會帶來許多好機會與好運氣，因此喜歡過夜生活，容易生活不正常，易發胖。

⑪『紫微在寅』命盤格式的運氣減肥法

『紫微在寅』命盤格式的人可運用的減肥月是：

甲年生人：可用流月運氣在卯宮的『居陷的太陰加擎羊』的流月運氣來減肥，一定會成功。此運是窮運，又會計較、小氣，故其人本身逢到此運就會變瘦了。胃口不佳、內心多煩惱、心情不好，自然而然會瘦，若再加上有心要瘦身減肥，會意志力更堅定的去做。

➤ **其他適合減肥的流月、流日運氣為：**在申宮的『七殺運』，在亥

3.『紫微在寅』命盤格式

巨門(旺) 巳	廉貞(平) 天相(廟) 午	天梁(旺) 未	七殺(廟) 申
貪狼(廟) 辰			天同(平) 酉
太陰(陷) 卯			武曲(廟) 戌
紫微(旺) 天府(廟) 寅	天機(陷) 丑	破軍(廟) 子	太陽(陷) 亥

※請注意！因為每個人的生時、生月不一樣，故火星、鈴星、天空、地劫、文昌、文曲這些時系星及月系星（左輔、右弼）皆無法在此命盤格式中出現。因此讀者在觀看自己的命盤時，也要另將這些能減肥的條件自己列入進去。例如文昌、文曲遇破軍為窮運，也為能減肥的運氣及時間。

宮的『太陽化忌運』，在丑宮『的天機陷落加陀羅』的運氣。不過呢！在丑宮的這個『天機陷加陀羅』的運氣是個笨運，有時會愈減愈肥的。又倘若你的命盤上有『破軍、文昌』或『破軍、文曲』的格局，子宮的運氣也是適合減肥會成功的。

能減肥的時間是：丑時、卯時、申時、亥時。有昌、曲在子宮時，子時能減肥。

此盤局命格的人，早上七點以後至三點前皆很快樂，中午食量好、愛享受美食，注重早餐和午餐。晚餐也會吃得不錯，而且不愛動，晚上吃飽了也不動，容易囤積脂肪，因此要記得用餐時，定要減少一半的份量，就能確實減肥了。

乙年生人：可用流月運氣在辰宮的『貪狼、擎羊』運來減肥。

此月是『刑運』格局，會應酬少，可以在家好好的減肥了。另一方面此月也會貪得少，吃得少，會有下狠心來減肥的意志力。

其他適合減肥的流月、流日運氣為：在卯宮的『陷落的太陰化忌加祿存運』，會小氣保守、運氣低落，心情封悶、不開朗。在未宮的『居旺的天梁化權』運，會對你身上的肥肉強力照顧，故能減肥。在申宮的『七殺運』，把減肥當做一件事來做，會做得好。在亥宮的『太陽陷落運』，心情沈悶，會自然減肥。在丑宮『陷落的天機化祿運』，是不一定能減肥成功的運氣，因會自做聰明而失敗。

能減肥的時間是：卯時、辰時、申時、亥時。如果子宮有昌曲出現，子時也能減肥。

此盤局命格的人，會在早上九點以後胃口好，因此中餐會吃得快樂痛快，只要中餐稍為節約一點，就能確實達到減肥目的了。

丙年生人：可用流月運氣在午宮的『廉相羊』運氣的月份來減肥，此月走的是『刑囚相印』帶化忌的格局。是『廉貞化忌、天相、擎羊』的運氣，此運容易有傷殘的狀況。因此你只要小心翼翼，什麼都不要做，就能減肥。千萬不要去美容整型來減肥，恐有性命之憂造成傷殘狀況。你在此運中，自然而然就會瘦了。因為此運會頭腦不清，很煩也不愛吃東西，故會瘦。

其他適合減肥的流月、流日運氣為：在丑宮的『陷落的天機化權運』，是運氣不佳，又愛做主的運氣，在卯宮的『太陰陷落運』，是窮運，也易情緒不佳、胃口不好。在巳宮的『巨門、陀羅運』，會口舌是非多，麻煩多，亦會偏食一些對自己不好的東西，是個笨運。在申宮的『七殺運』，在亥宮的『太陽陷落運』等等。如果是寅時、申時、戌時生人，有文昌或文曲和破軍同宮，那子宮也是可用來減肥的了。

能減肥的時間是：丑時、卯時、巳時、午時、申時、亥時。有些人的子時也可用。

此盤局命格的人，會因有帶化忌的『刑囚夾印』格局而遭傷災

而身體不健康，故要小心身體受傷時會無法控制體重而發胖，這時要借助醫生的力量來控制體重才能有效減肥了。

丁年生人：可用流月運氣在未宮的『天梁、擎羊』運的流月來減肥。此運是『刑蔭』格局，在身體方面，也會有腎臟較弱或腎臟病的問題，更易水腫，因此減重時，首要在身體排水系統的控制。很可能吃點排尿的藥，就能瘦好幾公斤了。但要小心造成心臟的負擔，不宜用藥太重。最好只控制不要飲用太多的水份即可。

其他適合減肥的流月、流日運氣為：丑宮的『天機化科陷落運』，卯宮的『太陰化祿陷落運』，巳宮的『巨門化忌加陀羅運』，申宮的『七殺運』，亥宮的『太陽陷落運』。此外子宮有文昌或文曲時，會和破軍形成窮運，也可用來減肥了。

適合減肥的時間是：丑時、卯時、巳時、未時、申時、亥時。午時有『廉相、祿存』，也會吃得保守，及喜愛在家中吃飯，不愛外食，故也能小心來減肥。

此盤局命格的人，因巳時有『巨門化忌、陀羅』的運氣，午時有『廉相、祿存』的運氣，接下來未時有『天梁、擎羊』的運氣，故中午午餐時間都心情不甚好，吃得少又簡單，早餐又會心不在焉，吃晚餐會較豐盛，但也易吃素。故一整天只要順其自然，就能減肥了。

戊年生人：可用流月運氣在午宮的『廉相羊』之『刑囚夾印』格局之運氣來減肥。此運會懦弱、受人欺負，故也不會吃得好，甚至常挨餓，或在中午馬馬虎虎吃點東西塞肚子。要確實減肥，還是要拿出魄力來才行。但亦可能聽信別人去動手術減肥，或能吃藥減肥。此日易受騙，會有損失、受傷。

其他適合減肥的流月、流日運氣為：在丑宮的『天機化忌居陷』的運氣，在卯宮『太陰化權陷落』的運氣，申宮的『七殺運』，

亥宮的『太陽陷落運』。此外子宮若有文昌、文曲和破軍同宮，也能用來減肥。

適合減肥的時間是：丑時、卯時、午時、申時、亥時。有時子時亦可。

此盤局命格的人，會因聰明度較差，而受人欺侮、被騙，因此要減肥，自己減重少吃就好了，千萬不要委託別人幫忙來減肥，否則會成為受害者，也未必減到肥。

己年生人：可用流月運氣在未宮之『天梁、擎羊』的運氣來減肥。

此為『刑蔭』格局，而且身體易腎臟較弱，有腎臟發炎或水腫現象，易控制水份的攝取及減少食用鈉、鉀量多的食物、水果，就能對減肥能有效控制了。在一天之內都可減重二公斤以上了。

其他適合減肥的流月、流日運氣為：在丑宮的『天機陷落運』，在卯宮的『太陰居陷運』，在申宮的『七殺運』及在亥宮的『太陽陷落運』。如果子宮有昌曲進入，亦能和破軍形成窮的格局的運氣，而能減肥有效。在辰宮『居廟的貪狼化權運』，雖很強勢有力，但會發胖，而且會不受任何限制的發胖，故無法用來減肥。

適合減肥的時間是：丑時、卯時、未時、申時、亥時。子宮若有文昌或文曲時，亦能減肥有用。

此盤局命格的人，主觀意識較強，也會凡事靠自己，不求別人幫忙，也會不假借別人之助而想自己減肥。此盤局的人，倘若命格屬於『機月同梁』等命格的人，會本來就瘦，即使胖也胖不多。而紫廉武、殺破狼系列命格的人，會三十歲以後發胖，而長期處在要減肥的生活之中。

庚年生人：可用流月運氣是『天同化科、擎羊』在酉宮的運氣來減肥。此為『刑福』格局，此月會勞碌或有血光之災，要小心傷殘現象，或有心臟方面的毛病。其他適合減肥的月份或流日是在丑宮的『天機陷落運』，在卯宮『居陷的太陰化忌運』，在申宮的『七殺、祿存運』等等。在未宮的『天梁、陀羅』運會使你更胖壯、笨拙。在亥宮的『太陽化祿陷落運』。如果減肥能力不強，子宮有文昌、文曲，就會和破軍形成窮的格局，亦能用來減肥了。

適合減肥的時間是：丑時、卯時、申時、酉時。子時亦有可能可以減肥。

此盤局命格的人，容易操勞不停，因命盤盤局中有武曲化權居廟的原因，如果減肥這件事是包括在工作範圍中需要的話，你一定會努力減肥成功的。因為武曲化權會為了賺錢和工作需要而達成減肥任務而毫不心軟、手軟的。

辛年生人：可用流月運氣在戌宮的『武曲、擎羊運』來減肥，此運為『刑財』格局，會內心吝嗇小氣，又煩惱多，自己就會瘦了。

其他適合減肥的流月、流日運氣為：在丑宮的『天機陷落運』，在卯宮的『太陰陷落運』，在申宮的『七殺運』等。子宮若有文昌化忌或文曲和破軍同宮，亦為能減肥之月份或流日。

適合減肥的時間是：丑時、卯時、申時、戌時。亥宮有居陷的太陽化權，這是想強力執行，又不一定做得到的運氣，而且會對自己太寬容，所以不一定能真減到肥。

此盤局命格的人，巳時、午時、未時都是好吃又懶懶的運氣，晚餐還易吃些較貴的東西，故易發胖，要小心。宜多運動、多外出走動，才能真正減肥而瘦身。

壬年生人：可用流月運氣在子宮為『破軍、擎羊』的運氣來減肥。

此月更要小心有血光之災，也要小心減肥時有不當手法而使自己的身體受傷害。

其他適合減肥的流月、流日運氣為：丑宮的『天機陷落運』，卯

宮的『太陰陷落運』，申宮的『七殺運』，戌宮的『武曲化忌、陀羅』運，以及在亥宮的『太陽陷落運』。

適合減肥的時間是：丑時、卯時、申時、亥時、子時。

此盤局命格的人，因子宮的『破軍、擎羊』和午宮的『廉相』形成『刑囚夾印』格，是『刑印』格局，故午飯吃的也會不痛快，而晚飯時逢『武曲化忌、陀羅』運，又是頭腦不清的笨運，會吃重覆頑固又固定的食物，也會對自己的身體造成不利狀況，亦會不易消化。所以此命盤格式之命局的人要減肥，易瘦者恆瘦，胖者恆胖，減不了多少重量。

癸年生人：可用流月運氣在丑宮的『陷落的天機加擎羊』的運氣來減肥。這個運氣真是運氣落到谷底了，是擎羊這顆刑星較強勢，因此如果要用此月來減肥，也要小心會用奇怪的聰明及狠勁來減肥，會不會有用也不知道了。倘若用順其自然的方法用運氣來減肥，那你就只要隨心情的低落，無為而活就好了，什麼都不做就能減到肥了。

其他適合減肥的流月、流日運氣為：在卯宮的『居陷的太陰化科運』，你會很有方法的瘦下來。在辰宮的『貪狼化忌運』。在申宮的『七殺運』，會很有毅力來減肥。在亥宮的『太陽陷落運』。在子宮有『破軍化祿』，即使有文昌或文曲同宮，形成窮的格局，也要小心會為想花錢而花費，想愛吃而到處找吃的，而做不成減肥。

適合減肥的時間是：丑時、卯時、辰時、申時、亥時。

此盤局命格的人，容易在早上九、十點鐘時吃早餐。也容易吃宵夜，因此生活作息不一定正常，只要調好作息，間隔三頓飯早餐、中餐、晚餐中間的時間，放棄吃宵夜，你就會瘦了，也就能減到肥了。

⑫『紫微在卯』命盤格式的運氣減肥法

『紫微在卯』命盤格式的人可運用的減肥月是：

甲年生人：可用流月運氣在卯宮有『紫貪、擎羊』的流月運氣來減肥。人在走紫貪運時，體型本來就很好看了，再加擎羊，就會瘦弱，性格小氣吝嗇，也易嫉妒別人。看到別人漂亮，馬上回來就要減肥了。而且還減得成。

其他適合減肥的流月、流日運氣為：在辰宮的『巨門陷落運』，在未宮的『廉殺運』，在酉宮的『空宮運』，在亥宮的『武破運』，在子宮陷落的『太陽化忌運』等等。

4.『紫微在卯』命盤格式

天相(得) 巳	天梁(廟) 午	廉貞(平) 七殺(廟) 未	申
巨門(陷) 辰			酉
紫微(旺) 貪狼(平) 卯			天同(平) 戌
天機(得) 太陰(旺) 寅	天府(廟) 丑	太陽(陷) 子	武曲(平) 破軍(平) 亥

※請注意！因為每個人的生時、生月不一樣，故火星、鈴星、天空、地劫、文昌、文曲這些時系星及月系星（左輔、右弼）皆無法在此命盤格式中出現。因此讀者在觀看自己的命盤時，也要另將這些能減肥的條件自己列入進去。例如文昌、文曲遇破軍為窮運，也為能減肥的運氣及時間。

適合減肥的時間是：子時、卯時、辰時、未時、酉時、亥時等。

此盤局命格的人大都是瘦型的人，只有天梁居廟在午宮坐命者及天府、陀羅在丑宮坐命的人會較胖而已。因此此命盤格式中會發胖的時間不多，但午餐及晚餐仍要減半份量，才能常保健康及體型不會變形。

乙年生人：可用流月運氣在辰宮的『陷落的巨門、擎羊運』的流月來減肥。這個月份的運氣是對吃食的食物挑剔，會偏食、古怪，也會吃得少。在生活上是非多、煩惱多，對人刻薄，也不太想和人來往。亦容易遭受傷災及不順之事。因此在減肥時，應避免採用手術型的減肥法，例如抽脂術，否則會有糾紛，也會易出事，使自己受到傷害，更有可能傷害自己的生命。此月自己就會自然而然的瘦了，實在不必多做什麼。

其他適合減肥的流月、流日運氣為：在午宮的『居廟天梁化權運』，此運是好管閒事之運，豈能看到自己身上多一塊之肥肉，故一定會加以制裁來減肥的。在未宮的『廉殺運』，在申宮的『空宮運』，在亥宮的『武破運』，是窮運，會吃得少或不吃，能減肥。在子宮的『太陽陷落運』，會心情低落、胃口不佳。在寅宮的『天機化祿、太陰化忌、陀羅』運，此運是又聰明又笨的運氣，也易做些吃力不討好之事，更會自以為聰明而出錯、耗財，而且心情會不穩定，脾氣暴躁，也會食慾不佳，做出笨事而後悔不已，因此也能減肥。

在卯宮『紫貪』的運氣，因乙年之祿存在卯宮，故『紫貪、祿存』同宮，這個運氣本身就會瘦了，因有祿存的關係，會胖不起來，但也不會太瘦，會身材很適中、很中等胖瘦，祿存會把紫貪的好運框住，使紫貪的好運變得保守，而且不太大了。

適合減肥的時間是：有子時、寅時、辰時、午時、未時、申時、亥時等。

此盤局命格的人都不會太胖，多半會呈中等身材的瘦型。而且運氣也都普通，主要是因為此命盤中之紫微和居平的貪狼同宮，好運平常，只是紫微帶來復建和平順的運氣而已，又再加上祿存的保守和規格化、變小了紫貪的好運氣，所以此命盤格式中十二個命格中，又是乙年生的人的話，和別人比較起來，一生都運氣普通，沒有太好的好運。

丙年生人：可利用流月運氣在午宮有『天梁、擎羊』的運氣來減肥。此運是『刑蔭』格局，表示沒有貴人或貴人少幫不上忙，或貴人陰險反而造成麻煩。在身體方面，易有腎臟較弱的毛病，宜小心水腫及腎病，要控制體內水份，少喝水及禁食含鈉、鉀量高等食物、蔬果，亦要小心糖尿病。此月你會自然而然的想到要照顧自己的身體，但身體還是會變弱，亦要小心傷災。因此此月會自然而然的變瘦，因耽心的結果，也會挑食而胖不起來。

其他適合減肥的流月、流日運氣為：在未宮的『廉貞化忌、七殺運』，要小心有血光之災，車禍等及是非爭鬥而食不下嚥。在亥宮的『武破運』，在子宮的『太陽陷落運』，在辰宮的『巨門陷落、陀羅』運，此運會有雙重是非，且是極笨的笨運，要小心上當。也要小心愈減愈壯，及吃些對健康沒用、又自以為對自己好的食品。

適合減肥的時間是：子時、辰時、午時、未時、亥時等。

此盤局命格的人，會早餐和中餐時間都古怪挑食或不吃、少吃，而晚餐時間較平順、愉快一點，因此一天中能進食一些營養的食品只有在晚餐的時候了，故都不會太胖，會體型廋。但某些人仍會不滿意自己的體型，還要減肥。

丁年生人：可利用流月運氣在未宮之『廉殺羊』之運氣來減肥

瘦身。此月易車禍或有血光之災，亦會四肢無力、懶洋洋，但競爭心強，如果看到別人減肥成功，自己又感覺出自己身上稍微多了一點肉的話，會立即開始減肥。此月也最有狠心去動手術抽脂減肥或做美容手術。但此月易手術出錯，是有害自己的生命及不宜手術之月。此月會自然而然的瘦了，也會是因為煩惱多、食不下嚥的關係吧！

適合減肥的時間是：辰時、午時、未時、酉時、亥時、子時等。

此盤局命格的人，易不吃早餐，中餐易保守或挑剔，會在午時一點以前用餐完畢，如果超過中午一點鐘，就會不吃了。晚餐會早吃，在傍晚五、六點鐘就吃了，一天中很注重中餐和晚餐的問題。若想減肥，只要把這兩餐的飯量減少即可，自然而然而瘦身了。也不必花太大的力氣來減重。

▼⑫『紫微在卯』命盤格式的運氣減肥法

戊年生人：可利用流月運氣在午宮之『天梁、擎羊』運來減肥、瘦身。此運為『刑蔭』格局，要小心有腎弱的毛病，亦要小心水腫及腎病，要少食用含鈉、鉀高的食品蔬果，亦要小心糖尿病。此月會挑嘴，吃飯不重視，或不好好吃飯，故會瘦。

其他適合減肥的流月、流日運氣為：在未宮的『廉殺運』，在申宮『空宮運』，在亥宮的『武破運』，在子宮的『太陽陷落運』，在寅宮的『天機化忌、太陰化權運』，在辰宮的『巨門陷落加陀羅』運等等。

適合減肥的時間是：辰時、午時、未時、酉時、亥時、子時、寅時等。

此盤局命格的人，在早餐、中餐的時間都吃得少或不吃，只有晚餐時要愉快順利，因此營養攝取較少，易營養不均衡，故要保持健美的身材及營養，宜維持較好的飲食習慣定時、定量為佳。

己年生人：可利用流月運氣在未宮的『廉殺羊』的運氣來減肥。此月易有車禍、血光要小心，也易四肢無力，身體軟趴趴沒勁，但內心好競爭，如果激起好勝心，就會付出全力來拼命。讀書的人逢此『廉殺羊』都會考第一，這就是競爭心在作祟，而且會下狠心發奮。此月也會自然而然而瘦了。此月千萬不要使用手術來減肥，以免有性命之憂。

其他適合減肥的流月、流日運氣為：在子宮的『太陽陷落運』，在辰宮的『巨門陷落運』，在午宮的『天梁、祿存運』，以及在亥宮的『武破運』。

適合減肥的時間是：辰時、午時、未時、亥時、子時等。

此盤局命格的人，早餐與午餐皆吃不好或不吃，只有在晚餐時會早吃及吃得豐盛，因此會有營養不均衡的狀況，宜定食定量，身體才會健康均勻。

庚年生人：可利用流月運氣在酉宮的『擎羊運』來減肥瘦身。

因此『擎羊運』是陷落的擎羊運，故會內心煩悶煎熬、嫉妒心強、好計較，因此身上多長一寸肉出來，都是無法容忍之事，會發奮減肥，會狠心克制而禁食。

其他適合減肥的流月、流日運氣為：在亥宮的『武曲化權、破軍運』仍是不富裕的窮運，會有意志力來減肥。在寅宮的『天機、太陰化忌』運，亦會心情不開朗、易胡思亂想而無食慾。在辰宮的『巨門陷落運』，在未宮的『廉殺運』，會不聰明的蠻幹，會專為減肥而減肥。

適合減肥的時間是：寅時、辰時、未時、申時、酉時、亥時等。

此盤局命格的人，早餐晚吃或不吃，中餐和晚餐都會很講究，因此是最會養生及保養的人。

辛年生人：**可用流月運氣在戌宮之『天同、擎羊』運來減肥瘦身**，有效。此運為『刑福』的運氣，故會操勞及享受沒那麼好了。也要小心有傷災及傷殘的問題，尤其在狗年及戌時要小心注意。

其他適合減肥的流月、流日運氣為：在子宮的『陷落的太陽化權運』，此運強勢的發奮力因太陽居陷的關係沒那麼強，故只有甲等程度的意志力來減肥。在辰宮『陷落的巨門化祿運』，也是一樣會沒那麼挑嘴了，反而愛吃零食或不消化的東西，但也不會胖。在未宮的『廉殺運』，在亥宮的『武破運』。

適合減肥的時間是：未時、戌時、亥時等。

此盤局命格的人，因命局中有些時間是不強勢的時間，也是圓滑模稜兩可的時間，故能減肥的時間不多。其人在用餐方面有自己的講究，會注意養生，而且晚餐很重視氣氛與內容。用餐後便不再飲食，很會控制體重。

壬年生人：可用流月運氣在子宮的『太陽陷落加擎羊運』來減肥，此月會心情悶，內心多煩惱、好計較，吃得少，自然而然會瘦了，你也可能在事業上有波折而瘦下來。

其他適合減肥的流月、流日運氣為：在辰宮的『巨門陷落運』，會吃不好、不愛吃、挑食、是非多。在未宮的『廉殺運』，在亥宮的『武曲化忌、破軍、祿存』運，此運會錢財不順，多煩惱、破財，內心煩悶而少食，會瘦。

適合減肥的時間是：子時、辰時、未時、亥時等。

此盤局命格的人，表面上看起來能減肥的時間很少，但每個能減肥的運氣都很凶猛，會一下子減很多，而且會有狠心、決心來減，有時也不必下決心和狠心，自然而然也會減肥了。所以根本不用擔心肥胖之事。

癸年生人：可利用流月運氣在丑宮有『天府、擎羊』的月份來

減肥。此月為『刑財』格局。所刑的是財庫星，故易留不住財，是財庫破了。這也代表人身體中之養分也易流失。要小心補充營養素。此『天府、擎羊』在身體上亦代表要小心腎弱及腎病，小心水腫及皮膚泛黃，有黃膽病或貧血症。要減肥與養生並重才好，宜多吃蔬果類的食物與注重鈉、鉀含量的攝取才能對身體有益。

其他適合減肥的流月、流日運氣為：在辰宮的『巨門陷落運』，在未宮的『廉殺運』，在亥宮的『武破運』等等。在卯宮的『紫微加貪狼化忌』，雖會外緣不佳，不愛動，可待在家中減肥，但有紫微相救的關係，而且紫微是好享受，不喜歡做對自己不利的事的，因此不會想減肥，故此運亦不能拿來減肥。

適合減肥的時間是：丑時、辰時、未時、亥時、子時等。

此盤局命格的人，應該是天生體質不算太好的人，雖午餐和晚餐吃得不錯，也注重用餐，早餐易不吃或吃得少，晚上九點以後也不會吃宵夜了，但是仍必須將養生與減肥一起做才會有精神、精力與真正的健康的。

⑬『紫微在辰』命盤格式的運氣減肥法

『紫微在辰』命盤格式的人可運用的減肥月是：

甲年生人：可用流月運氣在卯宮的『機巨、擎羊』運的流月運氣來減肥，一定會成功。機巨的涵義本來是屬於高科技、高知識水準的方式，加擎羊時，就會在這些高科技、高知識水準方面較差一些，但仍會具備這些興趣和優點。此運善嫉妒、好競爭，會爭的不實際。若在減肥方面，此月會挑剔、挑食、偏食，也會自做聰明的找出自己可以不吃的東西來顯示自己與眾不同。此運時，讀書也讀不好了，易不專心，會自然而然的瘦，會內心古怪，不好好吃飯而瘦。

5.『紫微在辰』命盤格式

天梁(陷) 巳	七殺(旺) 午	未	廉貞(廟) 申
紫微(得) 天相(得) 辰			酉
天機(旺) 巨門(廟) 卯			破軍(旺) 戌
貪狼(平) 寅	太陽(廟) 太陰(廟) 丑	武曲(旺) 天府(廟) 子	天同(廟) 亥

※請注意！因為每個人的生時、生月不一樣，故火星、鈴星、天空、地劫、文昌、文曲這些時系星及月系星（左輔、右弼）皆無法在此命盤格式中出現。因此讀者在觀看自己的命盤時，也要另將這些能減肥的條件自己列入進去。例如文昌、文曲遇破軍為窮運，也為能減肥的運氣及時間。

其他適合減肥的流月、流日運氣為：在巳宮的『天梁陷落運』，會自然瘦弱，在午宮的『七殺運』，會有意志力減肥。在酉宮的『空宮運』，在戌宮的『破軍化權運』，如果有特殊的、怪異的、新潮的減肥法，此運中你一定會試一下，而能有機會減肥成功。在丑宮『陷落的太陽化忌、太陰運』，會心情悶，又愛漂亮而自然減肥。

適合減肥的時間是：丑時、卯時、巳時、午時、酉時、戌時等。

此盤局命格的人，若能早起在辰時吃個豐盛的早餐，則會一天能有精神工作。因為午餐及晚餐的時間中都會因為忙碌或心情不佳而吃得少，將有營養不良的狀況發生。如果要減肥，宜多運動，使食量平均一點，能定食、定量，就能減肥成功了。

乙年生人：**可用流月運氣在辰宮之『紫相羊』的流月運氣來減肥**，但不一定能減得成，倘若其人原本是瘦的，就能瘦，原本是胖

的就恆胖。因為『紫相羊』是刑印格局，會懦弱、受欺負，要靠自然而然的瘦，會沒有力量控制，只會少享受一點、操勞一點而已。

其他適合減肥的流月、流日運氣為：在巳宮的『陷落的天梁化權運』，此運也是想減肥，而不一定減得成的運，陷落的化權會想做又使不上力的感覺。在午宮的『七殺運』，在丑宮的『太陽居陷、太陰化忌居廟運』，此運會內心悶，又愛某種特殊條件的漂亮，也可能想減肥，減到骨感的程度，但此盤局的人，不可能做得到。

適合減肥的時間是：丑時、辰時、巳時、午時等。

此盤局命格的人，因命盤格局中有一些運氣是意志力不強的運氣，而且很多星曜都是易發胖的星曜，故要減肥實不容易！

丙年生人：可用流月運氣在午宮，有『七殺、擎羊』的運氣來減肥，一定會成功。此運是專門向一些爭鬥性、刻薄、計較的方面去努力，因此在減肥方面會刻意控制得很精準很可怕。

其他適合減肥的流月、流日運氣為：在巳宮的『天梁陷落加祿存』的運氣。此運氣保守、小氣、少食。在申宮的『廉貞化忌運』，此運中會頭腦不清，易有血光、是非糾葛、內心悶，而食慾不佳，能減肥。在丑宮的『太陽、太陰運』，會因心情起伏低落又愛美而自然減肥。

適合減肥的時間是：丑時、巳時、午時、申時等。

此盤局命格的人，早餐吃得好，午餐和晚餐都忙碌隨便，所以能定食、定量在用餐上，就能減肥。亦要小心在亥時走『天同運』及子時走『武府運』時，會吃宵夜的問題會增胖。

丁年生人：可用流月運氣在未宮有『擎羊運』時來減肥。因此擎羊是廟旺的，會變壯，而不會太瘦。此『擎羊運』會好競爭，多煩惱、勞碌，也易身體疲累，亦要小心傷災、血光、煩悶等不吉之事。

其他適合減肥的流月、流日運氣為：在卯宮的『天機、巨門化忌』運，此運會聰明、是非多，好吃奇怪的東西，會有不同於一般人的飲食習慣和生活習慣。在巳宮的『天梁陷落加陀羅運』，會奔波、勞碌，又會笨笨的做些對自己沒意義的事，也會飲食習慣不佳。在午宮的『七殺運』，會太忙碌而沒好好吃飯。在丑宮的『太陽陷落和居廟太陰化祿』同宮的運氣會因很低調的愛美和對自己好而無法徹底減肥。

適合減肥的時間是：卯時、巳時、午時、酉時等。

此盤局命格的人，會因盤局中有『巨門化忌』，而一生是非多，又愛吃怪東西，或有偏食、挑食現象。所以在減肥上也會用某些特異奇怪的方式來減肥，能真正減肥的時間不多，因此要借助運動的方式來控制體重了。

戊年生人：可用流月運氣為『七殺、擎羊運』的運氣來減肥。

此運會競爭心強、嫉妒心強，也易多傷災、血光。更易四肢軟趴趴、沒精神，還會操勞辛苦，因此減肥時，其人常想一勞永逸而選擇用手術抽脂減肥。這樣易造成危險，會危害生命。其實此月中只要飯量減半，自然就能減肥了。

其他適合減肥的流月、流日運氣為：在卯宮的『天機化忌、巨門運』會頭腦不清楚、是非多、心情古怪、好吃都不一定吃得到。在巳宮的『天梁陷加祿存運』，會保守、內斂，易躲在人後像小媳婦一樣吃不好，穿不好。在酉宮的『空宮運』，丑宮有『陷落的太陽和居廟的太陰化權』同宮，代表很愛美，亦能有毅力減肥。

適合減肥的時間是：丑時、卯時、巳時、午時、酉時等。

此盤局命格的人，表面上能減肥的時間不多，而實際上在此命盤格式中很多運氣都是不在乎自己體型外表的，例如申宮的廉貞運，戌宮的破軍運，以及亥宮的天同運等等，故此年生此命盤格式的人，會容易發胖，也會對減肥沒興趣。

己年生人：可用流月運氣在未宮為『擎羊運』時來減肥瘦身。此運好競爭、嫉妒，如果其人有美麗的目標人物來相比較式競爭，會對這人有嫉妒心，就會拼命減肥瘦身，注重美容了，而且一定會減肥成功的。此運要小心傷災、血光，也千萬不要用手術抽脂來減肥，否則易造成傷害。

其他適合減肥的流月、流日運氣為：在巳宮的『天梁化科陷落加陀羅』運，此運是笨運，會笨笨的挨餓，但又瘦不了多少。在午宮的『七殺、祿存運』，是『祿逢沖破』的格局，也是保守、小氣、強悍、頑固的運氣，會吃不多，很忙碌，但又做不了什麼事，因此專心減肥最好了。

適合減肥的時間是：巳時、午時、未時等。

此盤局命格的人，能減肥的時間更少了，只有三個時間真正能減肥。表示運氣好，也不在乎多胖了一點，故是對減肥不太用心，或沒有興趣的人。此命盤格局中，有『貪狼居平化權運』及『武曲化祿、天府運』，皆因運氣好、財多，是進財日，而不會拿來浪費去減肥。

庚年生人：可用流月運氣在酉宮的『擎羊運』來減肥。此月是『陷落的擎羊運』，會有一點懦弱，環境中又充滿變化的是非糾紛。以及周圍人的聰明度都比自己高，故最好的就是自己在自家宅中減肥，而不要到外面的減肥中心去減肥，否則一定會惹出是非麻煩出來，對自己很不利的，會有血光之災。此運更不可做抽脂減肥，會有醫療糾紛，自己會吃虧。

其他適合減肥的流月、流日運氣為：在巳宮的『天梁陷落運』，會過生活馬虎，對自己照料不好易變瘦。在午宮的『七殺運』，在未宮的『陀羅運』，要小心手足傷而食不安穩而變瘦，或因煩惱而變

瘦。在申宮的『廉貞、祿存運』，會因保守、小氣，吃的節儉而變瘦。在丑宮的『太陽陷落化祿、太陰居廟化忌』，會因工作繁忙，煩惱錢財的問題而瘦。

適合減肥的時間是：丑時、巳時、午時、申時、酉時等。

此盤局命格的人，基本上命中的財較多，而熱衷工作及賺錢。會口舌犀利，但不常開口，其人若想減肥，也會不吝嗇錢財來減肥。會花錢到健身房做運動，或參加減肥班來減肥。

辛年生人：可用流月運氣運行到戌宮的『破軍、擎羊運』來減肥。你會很捨得花大錢來減肥，做抽指手術或吃貴的減肥藥來減肥，但要小心有後遺症，或造成自己身體的傷害。

其他適合減肥的流月、流日運氣為：在丑宮的『太陽、太陰同宮運』，會心情起伏大，情緒不穩定。又愛漂亮，故吃得少，能減肥。在巳宮的『天梁陷落運』，會頑固、有自己的想法。有自己的飲食習慣，會偏食，而能瘦下來。在午宮的『七殺運』，會忙碌，顧不了吃飯而瘦下來。在酉宮有『祿存運』，會保守、小氣，獨自節儉吃飯，都會瘦或營養不正常。

適合減肥的時間是：丑時、巳時、午時、酉時、戌時等。

此盤局命格的人，因辰宮的『紫相』和戌宮的『擎羊』形成『刑印』格局，故此命格的人會懦弱、膽小、怕東怕西，又容易受欺負、受騙，也容易為人吝嗇、陰險、懷疑心重。所以只要照自己方式的節儉生活，就可以減肥了。

壬年生人：可用流月運氣在子宮的『武曲化忌、天府、擎羊』運來減肥。此月會因錢財問題很煩惱，會窮，又易有傷災，凡事不順，又易小氣、吝嗇，勞碌奔波，是吃的少、煩憂多的運氣，故會自然而然的減肥了。

其他適合減肥的流月、流日運氣為：在丑宮的『太陽陷落、太陰居廟運』。此月會內斂、膽怯、愛漂亮，想減肥。在巳宮『居陷的天梁化祿運』，會多做些自以為是或自以為對自己好的事來減肥。在午宮的『七殺運』，在忙碌、吃得少而瘦下去。在戌宮的『破軍、陀羅運』，會耗財多，又不顧外形邋遢，不一定能減到肥。在亥宮的『天同、祿存運』，會享保守小氣的福氣，故會吃得少少的，就滿足了。

適合減肥的時間是：丑時、巳時、午時、亥時等。

此盤局命格的人，因盤局中有『紫微化權、天相』，復建的能力很強，但本命中仍會財少，有刑財的問題。因壬年生人皆有武曲化忌，而此命盤格式中之武曲化忌還和擎羊、天府同宮，一下子刑剋了兩顆財星。故壬年生此命局的人，皆會財少或財來財去，留不住，更易操勞奔波。此盤局的人要減肥，財少時，就自動會瘦了。財多時會胖，因此運差時就會瘦了，根本不必辛苦減肥！

癸年生人：可用流月運氣在丑宮的『**太陽陷落、太陰化科居廟、擎羊』運來減肥**。此運中，你會為了愛漂亮，而且沒做什麼事，有空閒來減肥。

其他適合減肥的流月、流日運氣是：在寅宮的『貪狼化忌居平運』，你會喜歡躲在家中較自閉而在家中減肥（運氣不佳）。在巳宮的『天梁陷落運』，會對自己的身體照顧不好而瘦弱。在午宮的『七殺運』，會因忙碌，飲食隨便而瘦下來。在未宮的『空宮運』，會因環境不愉快而瘦下來。在亥宮的『天同、陀羅運』，是因為好享笨福而瘦了下來。

適合減肥的時間是：丑時、寅時、巳時、午時、未時、亥時。

此盤局命格的人，在午餐方面會因忙碌而馬虎，在早餐和晚餐很講究，會很注重飲食。但此命盤之命格的人好說話的人，不會太胖。話少的人則好吃，會較胖，需要減肥。

▼ ⑬『紫微在辰』命盤格式的運氣減肥法

如何觀命・解命

法雲居士⊙著

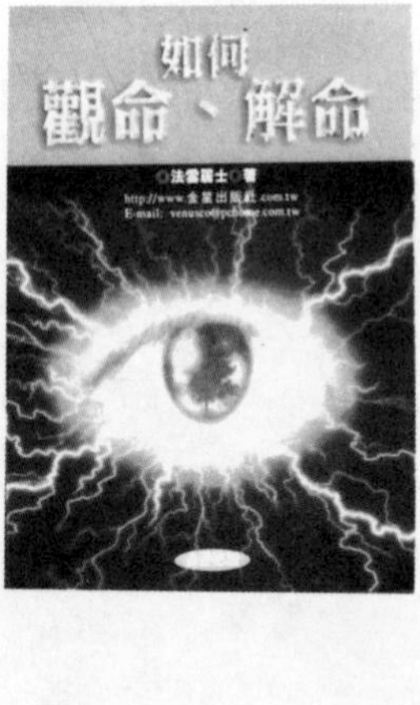

古時候的人用『批命』
是決斷、批判一個人一生的成就、功過和悔吝。
現代人用『觀命』、『解命』
是要從一個人的命理格局中找出可發揮的潛能，
來幫助他走更長遠的路及更順利的路。
從觀命到解命的過程中需要運用很多的人生智慧，但是我們可以用不斷的學習
就能豁然開朗的瞭解命運。

法雲居士從紫微命理的觀點來幫助你找出命中的財和運，
也幫你找出人生的癥結所在。
這本『如何觀命・解命』也徹底讓你弄清楚算命的正確方向。

⑭『紫微在巳』命盤格式的運氣減肥法

『紫微在巳』命盤格式的人可運用的減肥月是：

甲年生人：可用流月運氣在卯宮的『天相、擎羊』運來減肥。因此運是『刑印』格局，會懦弱、膽小、受欺負，故也會身體瘦弱，吸收力不佳，若再少吃一些，自然能更瘦了。

其他適合減肥的流月、流日運氣為：在寅宮的『太陽化忌、巨門、祿存』運，會事情不順，易保守的留在家中，心情也煩亂不佳，可減肥了。在申宮的『空宮運』，會運氣迷茫、頭腦不清，也自

6.『紫微在巳』命盤格式

紫微(旺) 七殺(平) 巳	午	未	申
天機(平) 天梁(廟) 辰			廉貞(平) 破軍(陷) 酉
天相(陷) 卯			戌
太陽(旺) 巨門(廟) 寅	武曲(廟) 貪狼(廟) 丑	天同(旺) 太陰(廟) 子	天府(得) 亥

※請注意！因為每個人的生時、生月不一樣，故火星、鈴星、天空、地劫、文昌、文曲這些時系星及月系星（左輔、右弼）皆無法在此命盤格式中出現。因此讀者在觀看自己的命盤時，也要另將這些能減肥的條件自己列入進去。例如文昌、文曲遇破軍為窮運，也為能減肥的運氣及時間。

然而然的瘦下來。在酉宮的『廉破運』，會凡事皆破，凡事不順，也易出車禍，或破財，因此心情極壞，常不甘心，內心煎熬多，故也會瘦下來。

適合減肥的時間是：寅時、卯時、申時、酉時。

此盤局命格的人，會在晚餐時段傍晚五、六點時，精神上最難過，容易出事，大清早五、六點時也是不順。其他時間一天還算好過。要小心少吃宵夜，以防發胖。

乙年生人：可用流月運氣在辰宮的『天機化祿、天梁化權、擎羊』運來減肥。此運會對實踐理想很強制執行。在精神上有超強的意志力。所以不涉及金錢的問題，都能有意志力擺平。

其他適合減肥的流月、流日運氣為：在卯宮的『天相陷落、祿存』運，此運是保守又懦弱的運氣，身體體質也會瘦弱不平安，亦可能有小病、小災之類的事發生。在午宮的『空宮運』。在酉宮的

『廉破運』，會運氣差，不安寧，是一個窮運，因此本身就會瘦了。在戌宮的『空宮運』，因有『天機化祿、天梁化權、擎羊』相照，故此空宮運也會具有意志力強悍的環境，而能減肥成功了。至於在子宮的『天同居旺、太陰化忌居廟』的運氣，因為有天同福星能化解一切災厄的關係，縱有太陰化忌適合減肥，但也不一定減得成，會半途而廢。

適合減肥的時間是：卯時、辰時、酉、戌時。

此盤局命格的人，都會有偏財運和喜歡享福，又喜歡快意破耗，形成起伏大的人生波折。在生活態度和習慣上也易豪邁不羈。此命盤命格的人胖子不多，但會骨架大、面孔寬，而能減肥的時間不多，故常保持原貌，沒辦法真的減重減很多。

丙年生人：可用流月運氣在午宮的『擎羊運』的運氣來減肥。

人在走擎羊運時，臉型也會略呈『羊』字型，臉型會瘦一點，其次會偏食、挑食，對別人挑剔，會弄得自己心情不愉快，因此也會瘦下來。

其他適合減肥的流月、流日運氣為：在卯宮的『天相陷落運』，會操勞無福，自然而然的瘦下去。在酉宮的『廉貞化忌、破軍運』，會有官非或血光之事，精神上和身體上受到兩種不同的刑剋傷害，因此會瘦。此運要小心會邋遢。

適合減肥的時間是：卯時、午時、酉時。

此命盤丙年生的人，在晚餐的時刻都是不太愉快的，愛發脾氣的，有時也會吃得差，或不吃，但會吃宵夜，而且宵夜時很愉快，是一天中最快樂的時間，你看到他在亥時走天府運，在子時走同陰運，就會知道了。

丁年生人：可用流月運氣在未宮的『擎羊運』來減肥。此擎羊運是廟旺的，故做事很強勢，但怎麼減肥，體型都會壯壯的，不會

有太多肥肉，但骨架硬，依然還是看起來較魁梧、較壯。所以此運略有計謀，但不會用在減肥上面。

其他適合減肥的流月、流日運氣為：在寅宮的『太陽、巨門化忌』運，此運會多是非，對飲食挑剔、挑嘴、偏食，此運會瘦，但臉龐仍大，瘦不到臉去。在卯宮的『天相陷落運』。此運易身體欠妥，有小病災，或麻煩事相撞，故會瘦。在午宮的『祿存運』，會言行保守，飲食節省，也會瘦。酉宮的『廉破運』，是窮運，也會破耗和有傷災，更有人在此運去美容，或做減肥抽脂手術，會有麻煩，手術易粗糙、縫合傷口易醜陋。此運會自然而然的減肥，你會因麻煩事多而煩惱，因此而瘦的。

適合減肥的時間是：寅時、卯時、午時、未時、酉時等。

此命盤格局丁年生的人，會在吃東西的口味上有特殊癖好，或有古怪的習慣，因此其人一整天有些混日子，一直到夜間亥時、子時、丑時的時候最快樂，也會好好享受一番。因此，只要宵夜少吃一點，或不吃就會瘦了。

戊年生人：可用流月運氣在午宮有『擎羊運』的時間來減肥。

此擎羊運是陷落的，故人會變得瘦一點，臉會略像『羊』字型，下巴會較尖一點。會瘦的原因仍是競爭心強，偏食、挑食、煩惱的結果。

其他適合減肥的流月、流日運氣為：在卯宮的天相陷落運，小心有小病災，會瘦弱。在辰宮的『天機化忌、天梁、陀羅運』，此運用陀羅居廟出現的關係，會瘦不多，也會較壯壯的。在酉宮的『廉破運』，是窮運，故會瘦，也會外型邋遢、醜陋。

適合減肥的時間是：有卯時、辰時、午時、酉時等。

此命盤格式丁年生的人，午餐會不吃或吃得少，因為有『擎羊運』的關係，晚餐又逢到『廉破運』，會吃得差，或不吃，或吃亂七八糟的東西，很沒營養，有時會餓了一天，但會在晚上吃宵夜吃很多，因此容易囤積發胖。只要減少吃宵夜的次數，就自然能減肥了。

己年生人：可用流月運氣在未宮有『擎羊運』時來減肥。此『擎羊運』是廟旺的擎羊運，故此月會壯壯的，減肥也只有某些程度減一點而已，不會減太多。此運也會嫉妒、挑嘴、偏食，但狀況沒有擎羊居陷時嚴重，甚至此命格的人還會發胖呢！

其他適合減肥的流月、流日運氣為：在卯宮的『天相陷落運』，易有小病，故會瘦，在午宮的『祿存運』，會保守，吃的節儉而瘦，在酉宮的廉破運，是窮運，易瘦。

適合減肥的時間是：卯時、午時、未時、酉時。

此命盤格式己年生的人，會中午節儉少食，晚餐也吃得少，吃得不好，亦是在宵夜時才補回來，故宵夜少吃一點就能減肥。

庚年生人：可用流月運氣在酉宮的『廉破、擎羊運』來減肥。

此月是窮運，又有刑剋傷災，已到極致了，此運也會與對宮的天相，形成『刑印』格局。因此此運要小心勿去做減肥手術，否則復原也會有醜的疤。此運易引起醫療糾紛。

其他適合減肥的流月、流日運氣為：在卯宮的『天相陷落運』，會有小病災、欠安而瘦了。在未宮的『陀羅運』，會壯壯的，像陀羅一樣。在申宮的『祿存運』，會瘦，會飲食節省。在酉宮的『廉破運』，會是窮運，會飲食不正常而瘦了。

適合減肥的時間是：卯時、未時、申時、酉時。

此命盤格式庚年生的人，好運的時段全連在一起，在亥、子、丑、寅宮。此命格的人，也是白天一整天至晚餐都易不正常的人，只有在宵夜時最快樂，來補充養分和體力，故亦是以減少宵夜的次數和份量就能自然而然的減肥了。

辛年生人：**可用流月運氣在戌宮有『擎羊運』來減肥**。此擎羊運是居廟的，會有強悍的意志力，但也會屬於壯壯的體型。此月易計較、小氣、陰險、多計謀，也會煩惱多、勞碌，更會挑嘴，偏食，故易吃東西不易消化，能瘦一點，會肌肉緊實一些。

其他適合減肥的流月、流日運氣為：在卯宮的『天相陷落運』，會身體欠安而瘦弱。在申宮的『陀羅運』，會是非及煩惱多，易鑽牛角尖、心情悶而瘦下去。在酉宮的『廉破、祿存運』，為『祿逢沖破』，故會小氣、吝嗇，仍算窮運，仍會飲食保守、節儉，吃得少，會自然而然的變瘦。

適合減肥的時間是：卯時、申時、酉時、戌時。

此命盤格式辛年生的人，早餐有長輩照顧，有得吃，中餐很隨便，晚餐會很節儉的吃自己喜好之簡單食物。但在夜間會宵夜或玩耍，會一面吃一面玩。你只要晚上少外出，就能減肥了。

壬年生人：可用流月在子宮之『同陰、擎羊運』來減肥。此運是『刑財』又『刑福』的運氣，故會勞碌煩憂，會瘦下去。

其他適合減肥的流月、流日運氣為：在丑宮的『武曲化忌、貪狼』運。此運中會有錢財上的麻煩困擾，故會瘦一些，但運氣還不錯，還有運氣，故只能瘦一點點。在卯宮的『天相陷落運』，會身體欠安，會瘦。在午宮的『空宮運』，運氣迷茫而瘦。在酉宮的『廉破運』，是窮運，會自然瘦下去。

適合減肥的時間是：子時、丑時、卯時、午時、未時、酉時。

此命盤格式壬年生的人，都有錢財上的困難，是本命中財少的人。而且在命盤中武曲財星帶化忌而刑財。太陰遇擎羊而刑財，故此命格應不會胖，應是瘦型人，若胖則身體有病。此盤局的人，每日食少事煩，不用太傷腦筋，天生就會減肥了。

癸年生人：**可用流年運氣在丑宮之『武曲、貪狼化忌、擎羊**

運』來減肥。此運不擅和人來往，人緣差，剛好在家減肥。此運也會刑財，故心情悶，會自然而然而瘦了。

其他適合減肥的流月、流日運氣為：在卯宮的『天相陷落運』。在未宮的『空宮運』。在酉宮的『廉貞、破軍化祿運』，此運會窮，拼命找錢來破耗，在減肥上，又會多吃東西後再來減肥。

適合減肥的時間是：丑時、卯時、未時、酉時。

此命盤格式癸年生的人，在命盤上有『太陽、巨門化權』運，此運巨門化權是居廟的，表示有很強的口才和口福，也會對食物很有品味，是老饕級的食客，因此縱然也有些運氣不好，但會對自己愛好之食材堅持去享用。因此要減肥會用自己一套公式去減。

⑮『紫微在午』命盤格式的運氣減肥法

『紫微在午』命盤格式的人可運用的減肥月是：

甲年生人：可用流月運氣在卯宮的『太陽化忌、天梁、擎羊』運來減肥。此月會沒有工作、沒有貴人，故心情鬱悶，就自然而然就瘦了。

其他適合減肥的流月、流日運氣為：辰宮的『七殺運』，巳宮的『天機居平運』，未宮的『空宮運』，酉宮的『空宮運』，申宮的『破軍化權運』。此運只要想減肥，便有意志力達成。在丑宮的『同巨運』，是減肥意志力不強，但憂煩多、食量少，有時也會瘦的運氣。

7.『紫微在午』命盤格式

天機(平) 巳	紫微(廟) 午	未	破軍(得) 申
七殺(廟) 辰			酉
太陽(廟) 天梁(廟) 卯			廉貞(平) 天府(廟) 戌
武曲(得) 天相(廟) 寅	天同(陷) 巨門(陷) 丑	貪狼(旺) 子	太陰(廟) 亥

※請注意！因為每個人的生時、生月不一樣，故火星、鈴星、天空、地劫、文昌、文曲這些時系星及月系星（左輔、右弼）皆無法在此命盤格式中出現。因此讀者在觀看自己的命盤時，也要另將這些能減肥的條件自己列入進去。例如文昌、文曲遇破軍為窮運，也為能減肥的運氣及時間。

適合減肥的時間是：卯時、辰時、巳時、未時、申時、酉時、丑時。

此命盤格式甲年生的人，在命局上，事業運不佳，也易發胖，因午餐時走紫微運，晚餐時走廉府運，都是愛享受美食的運氣，故要注意運動。用七殺運和破軍化權運來增加活動力量，就能減肥成功。

乙年生人：**可用流月運氣在辰宮的『七殺、擎羊』運來減肥**，肯定會有效的，因為這個運氣，帶有肅殺之氣的狠勁，會特別有決心、有殺力來做裁剪與攻擊之事。此運也好挑戰，是故一定會減肥超出預定的目標，會減得更多。

其他適合減肥的流月、流日運氣為：在巳宮的『天機居平運』，是運氣向下滑的跡象，此運中人都會手長、腳長、細細的，即使再胖的人逢此運也會手腳靈活的想動一動。在未宮的『空宮運』。在亥宮的『太陰化忌運』，此運在亥宮稱做『變景』，但在減肥運上，它是屬於愛美，想達到美的境界的力量的運氣，所以也可減肥瘦身。在丑宮的『同巨運』，會懶洋洋的、又好吃，但會吃些雜七雜八對身體沒益處、沒營養的食物。做事不積極、毅力也不足。

適合減肥的時間是：辰時、巳時、未時、亥時。

此命盤格式乙年生的人，早餐會因較忙，不一定會吃。而中餐及晚餐會好好享受美食，因此，這些時候只要減少用餐份量，減一半就能減肥了。

丙年生人：可用流月運氣在巳宮的『天機化權居平加祿存』的運氣來減肥，因天機居平本來就瘦了，祿存也會瘦。此運也會吃得少，又保守、節儉、小氣、吝嗇，胖不起來。此命盤中為何不選擎羊運來減肥呢？因此盤中擎羊和紫微同宮，在格局中為『奴欺主』之格局，但是仍會懶惰，有紫微就愛享福，會懶洋洋而無毅力減肥。

其他適合減肥的流月、流日運氣為：在辰宮的『七殺、陀羅運』。在未宮的『空宮運』。在戌宮的『廉貞化忌、天府運』，以及亥宮的『太陰運』，是愛漂亮，會為了愛美而強力減肥的。在丑宮的『同巨運』因丙年有天同化祿，而不適合來減肥了！

適合減肥的時間是：有辰時、巳時、未時、戌時、亥時。

此命盤格式丙年生的人，在午餐及晚餐時，心情會不甚好。尤其中餐會吃一些表面好看，但對自己身體無益的食品。晚上就更糊塗了，會吃混在一起，類似大雜碎的料理。如此的飲食品質，就是胖起來也會有點畸型，應該把握時間來減肥。

丁年生人：可用流月運氣在未宮的『擎羊運』來減肥瘦身。此運是居廟的『擎羊運』，雖然此運也會瘦，但會是一種壯壯的瘦型體型。

其他適合減肥的流月、流日運氣為：在丑宮的『天同化權、巨門化忌運』。此運會溫和、懦弱又想當家做主，挑食、偏食，有口舌

是非，心情不佳，因此自然減肥。在辰宮的『七殺運』，會很有毅力減肥。在巳宮的『天機化科居平加陀羅運』，此運是笨運，但仍有辦法變瘦。用的是笨方法來變瘦。在亥宮的太陰化祿，雖很愛漂亮，但很圓滑，並不想在這個還不錯的好運上浪費時間，故不會用此運減肥。

適合減肥的時間是：丑時、辰時、巳時、未時。

此命盤格式丁年生的人，在盤局中有『紫微、祿存』會把紫微崇高的地位規格化變小了。也會把紫微復建的力量以及趨吉避凶的力量變小、變保守了，更會把紫微愛好的高級享受變得保守和小了，以及小氣了。所以此命格的人，在中午會吃節省型的食品，或簡單的養生食品，到晚上才真正享受美食。因此，要減肥，還是晚間應酬活動安排少一點，運動多一點，就能減肥了！

戊年生人：可用流月運氣在巳宮的『天機化忌、祿存運』來減

肥。也可用『七殺運』來減肥。因為此盤局的人之擎羊和紫微一起在午宮同宮，紫微會讓擎羊能發揮的力量變小。災禍降低，故選其他的運氣來減肥較好。

其他適合減肥的流月、流日運氣為：在亥宮的『太陰化權』來減肥，會因為愛漂亮而強力減肥成功。丑宮的『同巨運』亦可用來減肥。

適合減肥的時間是：丑時、辰時、巳時、未時、亥時。

此命盤格式戊年生的人，中午會吃一些表面漂亮但實質不佳的食物。在晚間更是能享受美食，因此易發胖，要小心應用能減肥的時間，才能有效減肥。

己年生人：可用流月在未宮的『擎羊運』來減肥。此運擎羊是居廟時，因此能瘦一點，但也是壯壯的瘦型身型。

其他適合減肥的流月、流日運氣還有，在丑宮的『同巨運』。在辰宮的『七殺運』。在巳宮的『天機居平、陀羅』運。在亥宮的『太陰運』。

適合減肥的時間是：丑時、辰時、巳時、未時、亥時。

此命盤格式己年生的人，會在午餐時獨自用餐，用最簡單、精緻的方法來研究食品。晚餐時，則會和很多人一起吃，是一個交際應酬的時間。其人早餐很忙，常是不吃的。因此要減肥，就得減少晚間的應酬，少在外吃飯就可以了。

庚年生人：可用流月運氣在酉宮的運氣是『擎羊運』時來減肥，此擎羊運是陷落的運，因此會自私、小氣、計較、挑食，減肥一定成功。

其他適合減肥的流月、流日運氣為：在丑宮的『同巨運』，會溫和、內心煩悶，自然而然會瘦。在辰宮的『七殺運』，會很熱愛打拚。在巳宮的『天機居平運』。在申宮的『破軍、祿存』運，是『祿逢沖破』，但祿存的保守、瘦型身形仍保留下來。在亥宮的『太陰化忌運』，會愛漂亮，但又不一定會知道怎麼做才會真漂亮？只有先減肥再說了。

適合減肥的時間是：丑時、辰時、巳時、申時、酉時、亥時。

此命盤格式庚年生的人，在下午五、六點鐘時最難受，會四肢無力，不想動，因此通常晚餐吃得晚。也喜歡和很多人一起用餐，所以只有在中午的時間會用心吃飯，此時也是最快樂，心情最好的時間，因此要減肥，就把午餐的份量減半，把晚餐放在家中來吃就好了。就自然而然的能減肥了。

辛年生人：可用流月運氣在戌宮的運氣是『廉府、擎羊』運來減肥，此運是阻礙交際應酬，使交際應酬不順暢的運氣。因此能待在家中減肥，少外出，同時此運也具有刑財色彩，故能減肥。

其他適合減肥的流月、流日運氣為：在丑宮的『同巨運』，在辰宮的『七殺運』，在巳宮的『天機居平運』，在申宮的『破軍、陀羅運』。此運會做笨的破耗，小心會美容失敗。在亥宮的『太陰居廟』運，會因愛美而減肥。在酉宮的『祿存運』也能有瘦的運氣。

適合減肥的時間是：丑時、辰時、巳時、申時、酉時、戌時、亥時。

此命盤格式辛年生的人，在丑宮與申宮的兩個運氣是減肥最弱的運氣，因丑宮有陷落的天同和陷落的巨門化祿同宮，會一面減肥，一面又偷吃。在申宮的運氣是『破軍、陀羅』運，會容易拖拖拉拉、破破爛爛不在乎自己的體型，使減肥半途而廢。

壬年生人：可用流月運氣在子宮的『貪狼、擎羊』運來減肥。

此月會是『刑運』格局，因此能待在家中好好減肥，而不想外出。此月也會不想貪心了，因此會少吃一點，但要努力運動才是真正減重的關鍵。

其他適合減肥的流月、流日運氣為：在丑宮『同巨運』，在寅宮的『武曲化忌、天相』運，此運是刑財格局，會悶悶的，自然而然的變瘦。在辰宮的『七殺運』，會有殺力來減肥，也會用忙碌來轉移注意力。在巳宮的『天機居平運』也會自然而然變瘦。在亥宮的『太陰、祿存運』，會變得喜歡保守、內斂的美，也會身體體型看起來瘦弱一點。

適合減肥的時間是：丑時、寅時、辰時、巳時、亥時。

此命盤格式壬年生的人，在盤中有『紫微化權』，這是一個強勢復建，努力會復元的運氣，減肥是要減掉，或用刑剋、刮除掉的方式，這和紫微化權的意義是相衝突的。所以紫微化權的力量是不能拿來減肥的。另外『武曲化忌、天相居廟』運，因天相星福厚的關係，對於武曲化忌的『刑財』也有安撫及撫平作用。成效會不彰顯。

癸年生人：可用流月運氣在丑宮的『天同、巨門化權、擎羊

運』來減肥。但要小心此運有先天性傷殘現象。而且此運會偏食、挑食更厲害，也沒有人會規勸他，會寵他。

其他適合減肥的流月、流日運氣為：在子宮的『貪狼化忌、祿存』運，此運會保守，會躲在家中不出門，正好減肥。此運脾氣古怪而吃得少。在辰宮的『七殺運』，會有毅力來減肥。在巳宮的『天機居平運』，會有小聰明，但身體會瘦瘦的。在亥宮的『太陰化科、陀羅運』。此運是又有方法愛漂亮，又有點笨和拖拖拉拉的運氣，所以最好在家中減肥，少動，少外出了。

適合減肥的時間是：子時、丑時、辰時、巳時、亥時。

此命盤格式癸年生的人，在命局中有破軍化祿的運程，會耍賴，推翻原先的說法，不想減肥。亦會愈吃愈肥。此命格的人，中晚餐都很快樂用餐，因此也易胖得快。

⑯『紫微在未』命盤格式的運氣減肥法

『紫微在未』命盤格式的人可運用的減肥月是：

甲年生人：可用流月運氣在卯宮有『武殺羊』格局的運氣來減肥。此運是『因財被劫』的運程，劫財很凶的。此月木要小心有車禍、傷災，或有性命之憂。人走此運時，有時候會狠起心來做美容抽脂手術來減肥，因此動手術很危險，易失敗而有丟性命之災。人逢此運，多半的時候是四肢無力，內心受煎熬、不舒服，又不知如何去排解的，因此常容易遭災出錯，損失嚴重。因此逢到此運中會自然而然的瘦下來。順其自然，就能減肥了。

8.『紫微在未』命盤格式

巳	天機(廟) 午	紫微(廟) 破軍(旺) 未	申
太陽(旺) 辰			天府(旺) 酉
武曲(平) 七殺(旺) 卯			太陰(旺) 戌
天同(平) 天梁(廟) 寅	天相(廟) 丑	巨門(旺) 子	廉貞(陷) 貪狼(陷) 亥

※請注意！因為每個人的生時、生月不一樣，故火星、鈴星、天空、地劫、文昌、文曲這些時系星及月系星（左輔、右弼）皆無法在此命盤格式中出現。因此讀者在觀看自己的命盤時，也要另將這些能減肥的條件自己列入進去。例如文昌、文曲遇破軍為窮運，也為能減肥的運氣及時間。

其他適合減肥的流月、流日運氣為：在辰宮的『太陽化忌』運，此運會因工作上有麻煩、事業上有問題，而煩惱不已，亦會瘦下來。在巳宮的『空宮運』，是迷茫的運程，能瘦一點。在戌宮的『太陰運』會愛美而減肥。在亥宮的『廉貞化祿、貪狼運』，會桃花多，貪不該貪的東西，亦會惹麻煩，又懦弱的嚇瘦了。

適合減肥的時間是：卯時、辰時、巳時、戌時、亥時。

此命盤格式甲年生的人，命局中是『紫微、破軍化權』運不能用來減肥，此運會在做事方面打拚，會很忙。如果拿來做減肥之事，會耗費金錢，也不一定減得成，因為有紫微同宮的關係，紫微會抵制刑剋，故減肥易不成功。還有『天相、陀羅』的運氣也會愈減愈胖，都是對減肥不利的。此命格的人，在早餐、午餐都隨便吃，在晚餐時會特別享受一下，會吃自己愛吃的東西。故減肥時，只要小心晚餐少吃一點或找多點人同吃，就會瘦了。

乙年生人：可用流月運氣在辰宮有『太陽、擎羊』的運氣時來減肥。此月也是『刑官』格局，表示工作、事業會有些不順，此時正好修正自己的運氣，裁剪掉不好的運氣，用減肥就可使你煥然一新，重振旗鼓。

其他適合減肥的流月、流日運氣為：在卯宮的『武殺、祿存運』，是財窮和劫財又保守的運氣，是『祿逢沖破』，因此會自然而然的瘦了。在巳宮的『空宮運』，會因環境不佳而胖不起來。在戌宮的『太陽化忌居旺』運，會愛漂亮及心情鬱悶而減肥。在亥宮的『廉貪運』，因運氣不好，會自然而然的瘦了！

適合減肥的時間是：卯時、辰時、巳時、戌時、亥時。

此命盤格式乙年生的人，通常早餐不太吃，會吃中餐和晚餐，中餐會吃的聰明機巧，多半吃素。晚餐會較豐富，吃特好，享受得好。因此要減肥時，將晚餐的份量減半就自然會瘦了。

丙年生人：**可用流月運氣在午宮，有『居廟的天機化權加擎羊』的運程來減肥**，是一定會成功的。此運善於鬥爭，也有強制的主導力量，因此只要目標放在減肥上，就一定會瘦身成功。

其他適合減肥的流月、流日運氣為：在卯宮的武殺運，是窮運，會瘦一點。在巳宮的『祿存運』，會小氣、孤獨、節儉，形體瘦型。在戌宮的『太陰運』會愛美而減肥。在亥宮的『廉貞化忌、貪狼運』，會因有官非或血光，爛桃花而煩惱，會瘦，即使你小心逃過這些麻煩，你也會瘦一些。

適合減肥的時間是：卯時、巳時、午時、戌時、亥時。

此命盤格式丙年生的人，會因命盤中有居廟的『天機化權加居陷的擎羊』運而有陰險智謀及競爭心和競爭力，常處於鬥爭之中，因此只要好鬥心一開始，就自然而然的瘦了。只要稍休息一下，又稍胖回來了，是伸縮自如的。

丁年生人：可用流月運氣在未宮的『紫破、擎羊運』來減肥，此運亦有『刑印』格局，會懦弱、怕事，又有紫微趨吉平復的力量，也會不易減重成功。你也可另找在巳宮的陀羅運，或在午宮的『天機化科、祿存運』或是在子宮的『巨門化忌運』來減肥。因為人在走巨門化忌運時，一定會偏食、挑食，口味古怪，也會味口不佳，因此也會自然而然的減肥了。其他戌時的『太陰運』和亥時的『廉貪運』皆能減肥。

適合減肥的時間是：有子時、卯時、巳時、午時、戌時、亥時。

此命盤格式丁年生的人，會因命盤上有『巨門化忌』而在吃東西方面有怪癖。也會因為命盤上有『紫破羊』的格局，而『刑印』，因此此年生人若是發胖的話，是很難減肥的，也一定是因病症引起的肥胖症了。

戊年生人：可用流月運氣在午宮的運氣為『天機化忌、擎羊』

運來減肥。此運氣中會頭腦不清，凡事做不成，內心多煎熬，又想自做聰明做點事，但都做不成，用來減肥最好了，會自然而然的變瘦。

其他適合減肥的流月、流日運氣為：在卯宮的『武殺運』，是窮運，會自然減肥。在巳宮的『祿存運』，運氣保守、節儉，也會瘦。在戌宮的『居旺的太陰化權運』，為愛美，特有決心來減肥。在亥宮的『廉貞、貪狼化祿運』，是運氣不佳、討人厭中還稍具一點人緣的運氣，也能減肥。

適合減肥的時間是：卯時、巳時、午時、戌時、亥時。

此命盤格式戊年生的人，因午餐時的運氣不佳，故午餐都是隨便應付了事，而且常沒吃午餐，造成下半天精力不足，常想休息。到晚餐時，又吃得豐盛，仍會發胖。要減肥，只要把飲食定時、定量的規則做好，就能減肥了。

己年生人：可利用流月運氣在午宮運氣為『天機、祿存』的運氣來減肥瘦身。因為在未宮的『擎羊和紫破』同宮的運氣是『刑印』格局，未必有毅力能減肥成功。故改用祿存加天機的運氣，其人會瘦一點，要不然就用『武殺運』的月份來減肥，會有肯定的效果。其他尚有巳宮的『陀羅運』，會拖拖拉拉，不一定減得成。在戌宮的『太陰居旺運』，會因愛美而肯減肥。在亥宮的『廉貞、貪狼化權運』，也能因自己貪心成為有人緣，而能減肥成功。

適合減肥的時間是：有卯時、巳時、午時、未時、戌時、亥時。(巳時和未時都是必須多投入心力才能完成減肥的時間)

此命盤格式己年生的人，因命盤中有『紫破羊』的關係，和對宮的天相形成『刑印』格局，故其人一生中都易毅力不足，做什麼事都不易成功。而且常想放棄。只有改用其他可瘦身的運氣來減肥了！

庚年生人：可利流月運氣在酉宮的運氣是『天府、擎羊』運來

減肥。這是『刑財』、『刑庫』的格局，也容易刑剋到身體資源方面，因此會瘦。但最好還是要小心謹慎，順其自然來減肥較佳，不要用太多的人工手續來減肥，以免造成傷害到我們生命體的原始資源，那就不好了。

其他適合減肥的流月、流日運氣為：在戌宮的『太陰化忌運』，此運會情緒不穩定，內心煩惱多或愛情不順利，而少吃少喝，會瘦下來，在亥宮的『廉貪運』，會運氣不好，人緣差，孤獨自處，待在家中煩悶，就會瘦下來了。在卯宮的『武曲化權、七殺運』，此運會強勢外出打拚也會瘦。在巳宮的『空宮運』，運氣迷茫，也能瘦下來。

適合減肥的時間是：卯時、巳時、酉時、戌時、亥時。

此命盤格式庚年生的人，因庚年的武曲化權在此盤局中並不旺，又和七殺同宮，是『因財被劫』的格式，因此拿來減肥還能有用。在賺錢方面也能賺一些，但會是苦力錢，而且不易存得住錢。

辛年生人：可用流月運氣在戌宮的『太陰、擎羊』運來減肥，會成功，此為『刑財』、刑感情的格局，因此逢此運就一定會瘦，因為心情不好，食慾不佳，煩惱多的原因，而且『太陰、擎羊運』也易失眠，會影響生活作息。

其他適合減肥的流月、流日運氣為：在卯宮的『武殺運』，是窮運，又愛打拚，特愛為無財之事打拚，故減肥之事會不涉及金錢，故能有毅力減肥成功。在辰宮的『太陽化權運』，如果你的工作需要減肥，則此太陽化權運就會發生效力，能減肥成功，它會把減肥當做一種工作來執行，就會成功。在巳宮的『空宮運』，在酉宮的『天府、祿存』運，此運會節儉、小氣來減肥，只能略瘦一點，不會瘦太多。因天府是財庫星是居旺，仍會豐腴的。

適合減肥的時間是：卯時、辰時、巳時、酉時、戌時、亥時。

此命盤格式辛年生的人，因在命盤中在子宮有居旺的巨門化祿，因此一生都很有口福，而其人每天早、中、晚三餐實際都是一種保守的狀態，所以只有別人請客或外食時，會口福好。故此人要減肥，只要減少應酬，儘量在家中用餐，就會瘦下來了。

壬年生人：可用流月運氣在子宮的『巨門、擎羊』運的運氣來減肥。此月會口福不佳，受到刑剋，也會挑食、偏食、挑剔得厲害。更會口味古怪或吃飯時，心情不佳，因此會瘦下來。

其他適合減肥的流月、流日運氣為：在卯宮的『武曲化忌、七殺運』，是『因財被劫』很厲害又帶化忌，劫財劫得很痛苦了。故會心情惡劣，而瘦下來。此運也會因錢財問題而麻煩不斷的運氣。故要小心處理錢財。在巳宮的『空宮運』。在戌宮的『太陰運』。在亥宮的『廉貪運』，都能自然而然的減肥。

適合減肥的時間是：有子時、卯時、巳時、戌時、亥時。

此命盤格式壬年生的人，會因自己的挑食、偏食而吸收營養不

多，否則他早餐、中餐、晚餐時間都是能愉快用餐的時間。但因為命盤上有『巨門、擎羊』的關係，而沒有好胃口，因此可以瘦下來。

癸年生人：可利用流月運氣在丑宮，有『天相、擎羊』同宮的格局。此為『刑印』格局，但此擎羊是居廟的，天相也居廟，因此會瘦一點，但瘦不多，會略壯的樣子。

其他適合減肥的流月、流日運氣為：在卯宮的『武殺運』，此運會多操勞辛苦而瘦，也會因財窮的關係而瘦。在巳宮的『空宮運』。在戌宮『居旺的太陰化科運』，會因愛美而很有方法減重減肥。在亥宮的『廉貪運』，會因運氣不佳而瘦。

適合減肥的時間是：有丑時、卯時、巳時、戌時、亥時。

此命盤格式癸年生的人，會因為命盤中有『刑印』格局，而做事意志力不強。也會聽信別人的說法，而去動手術減肥，這也是一種刑剋，因此要小心！

⑰『紫微在申』命盤格式的運氣減肥法

『紫微在申』命盤格式的人可運用的減肥月是：

甲年生人：可用流月運氣在卯宮的運氣『天同、擎羊』運來減肥。此運是『刑福』格局的運氣。因此易有傷災或傷殘現象。此運也會勞碌，享不到福、辛苦。因此會瘦下來。

其他適合減肥的流月、流日運氣為：在寅宮的『七殺、祿存運』，也會忙碌、保守和有決心來減肥，也會較瘦。在巳宮的『太陽化忌運』，此運是居旺的，故工作或事業會有一段時間不順，就可用

9.『紫微在申』命盤格式

太陽(旺) 巳	破軍(廟) 午	天機(陷) 未	紫微(旺) 天府(得) 申
武曲(廟) 辰			太陰(旺) 酉
天同(平) 卯			貪狼(廟) 戌
七殺(廟) 寅	天梁(旺) 丑	廉貞(平) 天相(廟) 子	巨門(旺) 亥

※請注意！因為每個人的生時、生月不一樣，故火星、鈴星、天空、地劫、文昌、文曲這些時系星及月系星（左輔、右弼）皆無法在此命盤格式中出現。因此讀者在觀看自己的命盤時，也要另將這些能減肥的條件自己列入進去。例如文昌、文曲遇破軍為窮運，也為能減肥的運氣及時間。

此段時間來減肥了。此運時也會多煩惱而瘦。在午宮的『破軍化權』運，有時候也能來減肥。只要是用新鮮的方式來減肥，其人就會有興趣嚐試了！而且會努力使減肥成功。但沒興趣時，就不會堅持努力了。若有昌曲同宮，就是窮運，也一定能減肥了。在未宮的『天機陷落運』，是鐵定會瘦弱的，要小心運氣不好，易生病。在酉宮的『太陰居旺運』，會因愛美而減肥，也會有成績出來，能瘦。

適合減肥的時間是：有寅時、卯時、巳時、未時、酉時。

此命盤格式甲年生的人，會在早餐、午餐時都很忙碌，容易隨便打發一下，常常也沒吃早餐或午餐。只有晚餐時會很優雅、悠閒的進餐，而且常很晚才吃晚餐，因此要小心脂肪的累積體內易發胖。故此命格的人，若能吃飯規律、定時定量，就能減輕體重了。

乙年生人：**可用流月運氣在辰宮的運氣，是『武曲、擎羊』運來減肥**。此運是『刑財』格局，也會脾氣古怪、偏食、挑食，有某些食物蔬果不吃，營養資源會吸收得少，但這是一個頑固的運程，這個運氣本來就會瘦了。若其人體型及體重沒達到他的標準，他也會很有決心、狠心的來減肥，不達目的絕不罷手。

其他適合減肥的流月、流日運氣為：在寅宮的『七殺運』會很忙碌，體型結實而瘦。在卯宮的『天同、祿存』運，會保守、節儉、小氣而瘦。在未宮的『天機陷落運』，會因運氣直直落，運氣不佳而瘦，要小心手足傷災。在酉宮的『太陰化忌運』，會情緒起伏大、多煩惱而瘦。如果午宮有文昌或文曲和破軍同宮就是窮運，也能減肥瘦下來了。

適合減肥的時間是：有寅時、卯時、辰時、未時、酉時、（午時）。

此命盤格式乙年生的人，會在中餐時太忙碌，隨便吃或不吃，晚餐時又常情緒不好，也是少吃或不想吃，因此一天中養分攝取

少，基本上就會瘦。此盤局的人也易生腎臟較弱或水腫的毛病，要先看醫生，瞭解病況，才能用此運氣減肥法，否則耽誤到病情，是不好的。

丙年生人：可用流月運氣在午宮的運氣『破軍、擎羊』運來減肥，一定會瘦。此運要小心血光、破耗、煩惱多，而且此運之擎羊和對宮之廉相又形成帶化忌的『刑囚夾印』格，因此煩惱更多、血光問題、官非問題，都會使你身輕如燕了。要躲避這些災難，就到清靜地閉關最好，或在家中減肥，足不出戶，自然能平安度過了。

其他適合減肥的流月、流日運氣為：在子宮的『廉貞化忌、天相』運，這和前面所說的是同一個格局，是帶化忌的『刑囚夾印格』，易有傷殘現象或多次開刀現象，要注意。此運會有血光，也一定會瘦下去。在寅宮的『七殺運』，會忙碌而瘦一點。在未宮『陷落的天機化權運』，會一會兒想減肥，一會兒又不想減了・此運就是瘦弱矮小的運氣，故一定會瘦。在酉宮的太陰居旺運，會因愛美而減肥成功。

適合減肥的時間是：有子時、寅時、未時、酉時。

此命盤格式丙年生的人，在體型上只是略胖，不會大胖，因此減肥只要略減一點就好了，由『刑印』格局自然而然的減肥瘦下來，是再自然也沒有的了，實在不必大費周章的減肥。有某些女性會在『刑囚夾印』格的運氣去做美容手術，幾乎換了一張新面貌，這就是這個格局所給人帶來的詭異運氣，會影響人的思想。

丁年生人：可利用流月在未宮有『天機陷落、擎羊』運來減肥瘦身。此運要小心手足酸痛和手足傷災。此運也會運氣低迷、情緒低落，又好計較、挑剔，對人不友善，故一定會瘦下來。

其他適合減肥的流月、流日運氣為：在寅宮的『七殺運』，會因忙碌而瘦得很結實。在午宮的『破軍、祿存』運，此運中破軍的幹勁和破耗，都會被祿存規格化下變小了。因此打拚力並不強，又會瘦下來。在酉宮的『太陰化祿運』，都不見得會減肥了，因化祿會圓滑，會尋找享福和出入，不會執著在減肥方面了，因此不能用來減肥瘦身了。在亥宮的『巨門化忌』運，會是非多，挑剔嚴重，吃東西口味怪，挑食、偏食，因此也會瘦。

適合減肥的時間是：有寅時、卯時、午時、未時、亥時。

此命盤格式丁年生的人，會在中餐時草率馬虎或不吃，晚飯吃得多，但又易偏食，所以身體養分易不足，也會有怪病，只要改掉偏食毛病，就能生活作息正常，也就會瘦身、健康了。

戊年生人：可用流月運氣在午宮的『破軍、擎羊』運來減肥。

一定會瘦。此運要小心血光、破耗、煩惱多的問題。此運也會和對宮形成『刑囚夾印』格，亦有官非、傷災的問題更增煩憂，所以此運一定會瘦的。

其他適合減肥的流月、流日運氣為：在寅宮的『七殺運』，會忙碌而瘦。在未宮的『天機化忌又陷落運』。在酉宮的『太陰化權運』。『太陰化權運』會因愛美的關係，會很有毅力、斬釘截鐵的來減肥。

適合減肥的時間是：寅時、午時、未時、酉時。

此命盤格式戊年生的人，會在中午時分特別不好過，有時很忙，忙不出頭緒出來，有時候又很煩亂、很笨，會胡攪蠻纏。也會中午吃不下、不想吃，弄到三點以後才吃東西，因此生活不規律。此命格的人要減肥，只要有規律化的作息和定食、定量的用餐，就能保持理想體重了。

己年生人：**可用流月運氣在未宮有『天機、擎羊』的運氣來減肥**，此月亦要小心手足傷災和手足酸痛的毛病。此月能瘦好幾公斤。

其他適合減肥的流月、流日運氣為：在寅宮的『七殺運』。在午宮的『破軍、祿存運』。在酉宮的『太陰居旺運』等等。

適合減肥的時間是：有寅時、午時、未時、酉時。

此命盤格式己年生的人，會在午餐時間吃不好，也沒胃口，亦會忙碌而沒吃午餐，不過，晚餐是很愉快的，又常選自己喜愛的食物來對自己好，寵愛自己。但是晚餐太豐盛和常宵夜，都會造成脂肪累積，故又需花費時間來減肥了。

庚年生人：**可用流月運氣在酉宮，有『太陰化忌、擎羊』月來減肥**。此月會又愛漂亮，又愛嫉妒，內心常情緒變化大，而且感情易受挫，用此月來減肥，是非常狠得下心來節省的。因此一定會瘦的。

其他適合減肥的流月、流日運氣為：在寅宮的『七殺運』。在辰宮的『武曲化權運』，此運會因減肥帶來大利益，而竭力會減肥。如果減肥會礙事，耽誤正事，就不會減肥了。還有在未宮的『天機、陀羅運』，此運不一定能減得到肥，說不定會更胖，是因為此運為笨運之故，所以可能反其道而行。

適合減肥的時間是：有寅時、辰時、未時、酉時。

此命盤格式庚年生的人，因命盤中代表對溫柔、美麗、靈感有特殊感應的太陰星是帶化忌，又加擎羊的，因此被刑剋掉不少對美感的感應能力，也會對愛情失利。而且一天中三餐都不正常，會有營養不良的狀況，亦會突然變肥或變瘦。只要把三定食定量，就能保養身體，並維持體型了。

辛年生人：**可用流月運氣為在戌宮有『貪狼、擎羊』的運氣來減肥**，此運是『刑運』的格局，因此少向外跑，也會應酬、交際減少，能專心在家減肥。

其他適合減肥的流月、流日運氣為：在寅宮的『七殺運』，會因忙碌而瘦下來。在巳宮的『太陽化權運』，要把減肥當做工作的一部

份，此運就能瘦下來。在午宮的『破軍運』，如果有文昌或文曲同宮，是窮運，也能瘦下來。在未宮的『天機陷落運』是運氣直直落的衰運，也會瘦下來。在酉宮的『太陰、祿存』運，會因祿存的保守、節儉而瘦下來。

適合減肥的時間是：有寅時、午時、未時、酉時、戌時。

此命盤格式辛年生的人，會因為命局中有太陽化權和巨門化祿，而在工作上的飯局、應酬特多。並且巨門化祿在亥宮，在晚上十點左右又特多口福機會。因此此命格的人要減肥是非常辛苦的。只有減少應酬，常閉關靜思、靜養才能確實來減肥了。

壬年生人：可用流月運氣在子宮有『廉相羊』的運氣來減肥。

此運是『刑囚夾印』格，會懦弱，受欺負，也會言語不實，易欺騙別人。因此用此運來減肥是不一定會真正成功的，易言行不一。此運也要小心與血光有關，更要小心去做手術型的減肥，例如抽脂手

術等，因為會容易有傷口不易復元，或有醫療糾紛等災禍。

其他適合減肥的流月、流日運氣為：在寅宮的『七殺運』，會忙碌而瘦下來。在辰宮的『武曲化忌運』，會財窮及有金錢糾紛，內心會古怪、煩惱多，會瘦。在未宮的『天機陷落運』，會內心煩悶，運不好，而瘦下去。在酉宮的『太陰運』，會因愛美而減肥。

適合減肥的時間是：子時、寅時、辰時、未時、酉時。

此命盤格式壬年生的人，會因命局中有『刑印』格局及『巨門和祿存』同宮的關係，而使口福變小了。這也是本命財少的關係，因此會在飲食方面吃不那麼多了。因此只要稍為節制一些就能瘦下來。

癸年生人：可用流月運氣在丑宮，有『天梁、擎羊』運的運氣來減肥，此運易有腎臟較弱，或有膀胱炎，或有水腫現象的問題。宜先看病後再減肥。此『天梁、擎羊』的運氣是『刑蔭』格局，表示無貴人相助，因此要一切靠自己了。減肥也要靠自己了。

其他適合減肥的流月、流日運氣為：在寅宮的『七殺運』，在未宮的『天機陷落運』，在酉宮的『太陰化科運』，會很有方法的愛美，也會很有方法的減肥與保持體態。在戌宮的『貪狼化忌運』，會外緣交際受挫，會孤獨，懶得動，剛好可在家減肥，但因強制運動才行。

適合減肥的時間是：有丑時、寅時、未時、酉時、戌時。

此命盤格式癸年生的人，會因命盤中有貪狼化忌，又有居旺的巨門化權，所以容易少外出，在家裡好吃零食。更容易晚間宵夜吃的很豐盛，因此要小心囤積脂肪而肥胖，只要戒掉宵夜習慣，就自然能瘦下來了。

⑱『紫微在酉』命盤格式的運氣減肥法

『紫微在酉』命盤格式的人可運用的減肥月是：

甲年生人：可用流月運氣在卯宮的運氣是『擎羊運』來減肥。此運是好計較、多煩惱，也易有血光之災的運氣，還會挑食、偏食，飲食習慣不好，故一定會瘦的。

其他適合減肥的流月、流日運氣為：在巳宮的『武曲化科、破軍化權』運，此運會有剛硬的態度，強烈的毅力，會一板一眼的來減肥，此運亦是窮運又強力要打拚，要破耗和投資，因此在減肥方

10.『紫微在酉』命盤格式

武曲(平) 破軍(平) 巳	太陽(旺) 午	天府(廟) 未	天機(得) 太陰(平) 申
天同(平) 辰			紫微(旺) 貪狼(平) 酉
卯			巨門(陷) 戌
寅	廉貞(平) 七殺(廟) 丑	天梁(廟) 子	天相(得) 亥

※請注意！因為每個人的生時、生月不一樣，故火星、鈴星、天空、地劫、文昌、文曲這些時系星及月系星（左輔、右弼）皆無法在此命盤格式中出現。因此讀者在觀看自己的命盤時，也要另將這些能減肥的條件自己列入進去。例如文昌、文曲遇破軍為窮運，也為能減肥的運氣及時間。

面，易花大筆金錢來減肥瘦身。其實此運也是窮運，故它本身就會瘦下來了，根本不必花錢讓他瘦了。在午宮的『太陽化忌運』，此運會在事業上不順，或與男性不合，會煩憂，如果要用此運來減肥，就是用其製造出的煩惱來讓人情緒不穩，而瘦下來的。在申宮的『機陰運』，會因太陰居平、天機剛合格而會體型瘦。在戌宮的『巨門陷落運』，會挑剔、偏食、煩惱多，多惹是非而食慾不佳，會瘦下來。

適合減肥的時間是：寅時、卯時、巳時、午時、申時、戌時。

此命盤格式甲年生的人，午餐如果在中午一點以後用餐，能享受到合口味的食物。在中午一點以前用餐則吃不到好東西。在晚餐時，會注重用餐氣氛，也能吃到好東西，及優雅的用餐。此命格的人，雖對用餐挑剔，但對烹飪技巧不太講究，所以吃的東西多半是較普通、不精緻的餐點。

▼ ⑱『紫微在酉』命盤格式的運氣減肥法

乙年生人：可用流月運氣在辰宮的運氣『天同、擎羊』運來減肥。此運是『刑福』格局，易有傷災和福不全，亦要小心有傷殘現象，減肥時會有狠心來減肥。

其他適合減肥的流月、流日運氣為：在丑宮的『廉殺運』，會一板一眼的減肥，凡人逢此運都會很忙碌，瘦得很結實。在寅宮的『陀羅運』，會保守、小氣、節儉，會原地打轉，轉不出來，故會瘦一些。在卯宮有『祿存運』，會小氣、節儉、吃得少，故會瘦。在巳宮的『武破運』，是窮運，也會自然而然的瘦下來。在申宮的『天機化祿、太陰化忌運』，會特別聰明但情緒不佳。此運也較窮，會不喜歡吃東西，故會瘦。在戌宮的『巨門陷落』運，會口才差，口福也差，也會瘦。

適合減肥的時間是：丑時、寅時、卯時、巳時、申時、戌時。

此命盤格式乙年生的人，因命局有『刑福』格局，而且巨門又是陷落的，而且財星又落陷，財不多，是故享福也享不到。本身就不會太胖了，若還想減肥，就把午餐、晚餐的份量減少就會瘦了，或是在白天多運動就會瘦。

丙年生人：可用流月運氣在午宮的『太陽、擎羊』運的運氣來減肥。此運氣亦稱『刑官』的運氣，就是刑剋事業，會中途換工作，或工作不長久，此運也容易身體上有傷災或病災，如心臟疾病或眼睛有病等等，此擎羊是陷落的，故自然而然就會瘦了。如果還想減肥，就多煩惱幾日就會瘦了。

其他適合減肥的流月、流日運氣為：在丑宮的『廉貞化忌、七殺運』，會頭腦糊塗想蠻幹，也易有血光之災、內心煩悶，有官非問題，因此你逢此運只要順其自然，就自然而然的能減肥了。

適合減肥的時間是：丑時、巳時、午時、申時、戌時。

此命盤格式丙年生的人，在事業上和錢財上都會受到一些刑

剋，但仍能享受一些口腹之慾，所以還是會胖的，如要減肥，可以將用餐時間更改一下，中餐在午時一點前要吃完，晚餐要晚點吃，要在七點以後再吃，也就是中餐要在『太陽、擎羊』運的時間吃，而晚餐要在戌時『巨門陷落』的運氣時來吃，就會吃不多，而能減肥了。

丁年生人：可用流月運氣在未宮有『天府、擎羊』運氣來減肥。此運是『刑財』、『刑庫』格局。因擎羊和天府都是居廟的，故減肥也不會減太多，會壯壯的。

其他適合減肥的流月、流日運氣為：在丑宮的『廉殺運』，會忙碌、老實、節儉，會瘦一些。在午宮的『太陽、祿存』的運氣，也會瘦一點。在申宮的『天機化科、太陰化祿運』，也會瘦一些，會稍圓潤一些。在戌宮的『陷落的巨門化忌運』，會挑嘴、口味古怪，飲食習慣不佳，故會很瘦。

適合減肥的時間是：有丑時、巳時、午時、申時、戌時。

此命盤格式丁年生的人，想減肥，只要把中餐改到中午一點吃，晚餐改到晚上七點以後再吃，就會吃的少而慢慢瘦了。

戊年生人：可用流月運氣在午宮有『太陽、擎羊』的運氣來減肥。這也是『刑官』格局，此運要小心對事業不利，也要小心對自己身體上之心臟及眼睛不利。也容易煩悶、心機多、鬥爭多，會勞心勞力很嚴重，故會瘦很多。

其他適合減肥的流月、流日運氣為：在丑宮的『廉殺運』，會很操勞而瘦了。在巳宮的『武破、祿存』運，會不富裕，有些小氣、保守、節儉、吝嗇而瘦了。在申宮的『天機化忌、太陰化權』運，普通『權忌相逢』以雙忌論。在此處此運會頭腦不清，有時聰明有時笨。人走此運時，本身會瘦一點。若愛漂亮，強制減肥，會更瘦一點。在戌宮的『巨門陷落運』，也會是體型瘦弱的運氣及多是非，

以及食慾不佳的運氣。

適合減肥的時間是：是丑時、巳時、午時、申時、戌時。

此命盤格式戊年生的人，真正要減肥，宜將午餐時間移前早些吃，再把晚餐移到晚間七點以後，這樣就能減肥了。

己年生人：可用流月運氣在未宮有『天府、擎羊』的運氣來減肥，此運是『刑財』、『刑庫』的格局。故會耗財又存不了錢。在減肥上也減不了太多，會有點壯。

其他適合減肥的流月、流日運氣為：在丑宮的『廉殺運』，會勞碌、節儉、辛苦，會瘦。在巳宮的『武曲化祿、破軍、陀羅』運，此運仍會破財和拖拖拉拉的，在減肥方面會減不多，但仍為瘦型體型。在午宮有『太陽、祿存』的運氣，因有祿存的關係，也會瘦一些。在申宮的『機陰運』，因太陰居平，而較窮，會自然而然的瘦。在戌宮的『巨門陷落運』，易挑嘴，飲食習慣不佳，也會瘦。

適合減肥的時間是：有丑時、巳時、午時、申時、戌時。

此命盤格式己年生的人，想減肥的方法依然是改變中餐及晚餐的時間，即能減肥。例如將中餐改為中午一點以後用餐，將晚餐改為七點以後用餐，就會有意想不到的瘦身效果了！

庚年生人：可用流月運氣在酉宮的運氣『紫貪、擎羊』或在申宮的『天機、太陰化忌、祿存』運來減肥。因為『紫貪、擎羊』運，又是擎羊遇紫微趨吉避凶的關係，會平復擎羊的險惡，並且紫微又愛享福，故會減重不太有力，因此另找『天機、太陰化忌、祿存』運節儉的生活過日子，也會瘦下去。

其他適合減肥的流月、流日運氣為：在戌宮的『巨門陷落運』，會在飲食方面不順利，因此會瘦。在丑宮的『廉殺運』，會忙碌而瘦。在寅宮的『空宮運』。在巳宮的『武曲化權、破軍運』，因武曲化權的強勢作風，會瘦下來。

適合減肥的時間是：丑時、寅時、巳時、申時、酉時、戌時。

此命盤格式庚年生的人，午餐時間很開朗，在晚餐時會享受自以為高尚、精緻的晚餐，但未必能吸收到營養。

辛年生人：可用流月運氣在戌宮的運氣，是『陷落的巨門化祿加擎羊』的運氣，一定會瘦的，但會帶點壯的瘦。

其他適合減肥的流月、流日運氣為：在丑宮的『廉殺運』，會忙碌而瘦。在巳宮的『武曲、破軍』運會較窮而煩憂多，會瘦。在午宮的『太陽化權運』，可用對工作上的毅力來減肥。在申宮的『機陰運』，是窮運，亦能減肥。

適合減肥的時間是：丑時、巳時、午時、申時、戌時。

此命盤格式辛年生的人，因命局中有『陷落的巨門化祿加擎羊』的關係，會因挑剔、挑食或古怪的飲食習慣而吃不好，而會瘦。如還想減肥，就把用餐時間往後挪一下，移到下個時辰再用餐，就能瘦了！

壬年生人：可用流月運氣在子宮之『天梁、擎羊運』來減肥。

此運為『刑蔭』格局，會沒有貴人運。在身體上要小心腎臟問題，怕水腫或糖尿病，會影響健康，使減肥也沒那麼順利了。因此要首先將病治好才會瘦。

其他適合減肥的流月、流日運氣為：在丑宮的『廉殺運』，會因忙碌而瘦。在巳宮的『武曲化忌、破軍運』，會因窮困和債務煩惱會瘦。在申宮的『機陰運』，會財少而瘦。在戌宮的『巨門陷落、陀羅運』，會是非多、煩惱多、口福不佳、又愚笨、飲食習慣不好而瘦下去。

適合減肥的時間是：丑時、巳時、申時、戌時、子時。

此命盤格式壬年生的人，在命局中財不多，再加上口福不佳，因此易瘦。如再想減肥，應多運動、調養身體，及減少水份及鈉、鉀的攝取，平衡體質就能瘦了！

⑱『紫微在酉』命盤格式的運氣減肥法

癸年生人：可用流月運氣在丑宮為『廉殺羊』的運氣來減肥，一定會瘦的。此運中，人的身體易不適，會有病痛，也易四肢無力，軟趴趴的，精神不好。故會胃口不佳，一定會瘦。

其他適合減肥的流月、流日運氣為：在巳宮的『武曲、破軍化祿運』，此運會更窮，借貸更凶，為花錢而找錢花，因此更會瘦了。在申宮的『天機、太陰化科居平運』。此運也會不富裕，會為瘦型。在酉宮的『紫微、貪狼化忌運』。因有紫微的關係，故不一定能用來減肥，仍會不算瘦。在戌宮陷落的『巨門化權運』，會有時挑食、挑剔，有時候不又太計較。也是不一定能享受口福的狀況，故仍然會瘦。

適合減肥的時間是：丑時、巳時、申時、酉時、戌時。

此命盤格式癸年生的人，會在晚餐時獨自用餐，情緒不好，吃的不消化而瘦下來。若中餐再節制一點，肯定瘦的更快！

⑲『紫微在戌』命盤格式的運氣減肥法

『紫微在戌』命盤格式的人可運用的減肥月是：

甲年生人：可用流月運氣在卯宮的『擎羊運』的運氣來減肥。此運會小氣、吝嗇、計較，也要小心有傷災，及煩惱過多，勞心勞力等事，自然而然會瘦。

其他適合減肥的流月、流日運氣為：在子宮的『七殺運』，會因忙碌而瘦一點。在丑宮的『陀羅運』，運氣迷茫不開、拖拖拉拉，也會瘦。在寅宮的『廉貞化祿、祿存運』會喜愛享受，好談戀愛，但

11.『紫微在戌』命盤格式

天同(廟) 巳	武曲(旺) 天府(旺) 午	太陽(得) 太陰(陷) 未	貪狼(平) 申
破軍(旺) 辰			天機(旺) 巨門(廟) 酉
卯			紫微(得) 天相(得) 戌
廉貞(廟) 寅	丑	七殺(旺) 子	天梁(陷) 亥

※請注意！因為每個人的生時、生月不一樣，故火星、鈴星、天空、地劫、文昌、文曲這些時系星及月系星（左輔、右弼）皆無法在此命盤格式中出現。因此讀者在觀看自己的命盤時，也要另將這些能減肥的條件自己列入進去。例如文昌、文曲遇破軍為窮運，也為能減肥的運氣及時間。

因為有祿存的關係，仍會不胖，有瘦型體型。在辰宮的『破軍化權運』，除非有特別原因要努力減肥，此運就可利用了。在未宮的『太陽化忌、太陰』運，會事業不順、財少，感情也會不順，故易瘦。在亥宮的『天梁陷落運』，易東跑西跑的，也會瘦。

適合減肥的時間是：有子時、丑時、辰時、卯時、未時、亥時。

此命盤格式甲年生的人，因命盤中有太陽化忌的關係，事業上易多遇波折。代表口福的巨門星是『機巨』組合，因此口福還是具有變化性的。要減肥時，用些新技巧、新方法，才會有用。此命格的人午餐、晚餐都很好吃，因此也經常是減肥一族的人了。

乙年生人：**可用流月運氣在辰宮，是『破軍、擎羊』的運氣來減肥**。此運是破耗大，易有血光和身心疲憊、四肢無力的運氣，此運和對宮的紫相，又形成『刑印』格局。所以減肥的意志力又不是那麼強了。不過仍會勞碌，自己仍能瘦一點。

其他適合減肥的流月、流日運氣為：在卯宮的『祿存運』，會瘦。在未宮的『太陽、太陰化忌運』，會因情緒起伏的關係，會瘦。在亥宮的『天梁陷落運』，會奔波、勞碌或為玩樂而瘦。

適合減肥的時間是：有丑時、卯時、辰時、未時、亥時。

此命盤格式乙年生的人，通常在午餐及晚餐時都運氣好，會吃得多，易發胖，要多運動才能平衡及減肥。

丙年生人：可用流月運氣在午宮的『武府、擎羊運』的運氣來減肥。此運是『刑財』的運氣。但不會將財全部刑完，故會為了某種利益而減肥，能瘦一點，不會瘦很多。

其他適合減肥的流月、流日運氣為：在子宮的『七殺運』，會因忙碌而瘦。在寅宮的『廉貞化忌運』，會多煩惱，有官非爭鬥或血光之事而瘦。在辰宮有『破軍、陀羅運』，不一定會瘦，有時反而會因病而胖。在亥宮的『天梁陷落運』，會東奔西走而瘦。

適合減肥的時間是：有子時、寅時、亥時。

此命盤格式丙年生的人，在命盤中能減肥的時間少，享福的時間多，因此發胖起來，會很難減肥瘦身。因此要特別注意飲食不要吃得太好，或太自做聰明用新方法減肥，以防發胖。已發胖的人，要用食量減半及增加運動量來減重。

丁年生人：可用流月運氣在未宮有『太陽、太陰化祿、擎羊』運的運氣來減肥。此運是『刑官』加『刑財』的格局，會事業和錢財兩不順，因此煩惱多，會自然而然會瘦。此運亦要小心眼睛和肝腎疾病。

其他適合減肥的流月、流日運氣為：在子宮的『七殺運』，會忙碌而瘦。在卯宮的『空宮運』，會迷茫不清而瘦。在酉宮的『天機化科、巨門化忌運』，會太聰明機巧的挑食、偏食，易營養不良而瘦。

在亥宮的天梁陷落運，易東奔西走而瘦。

適合減肥的時間是：有子時、卯時、酉時、亥時。

此命盤格式丁年生的人，易在晚餐時，對食物餐點提出聰明古怪的挑剔，故晚餐時不太愉快，也有可能不吃。但過了晚上七點再用晚餐，會有快樂的飲食，也能平衡體內營養。

戊年生人：可用流月運氣在午宮，有『武府、擎羊』的運氣來減肥。此運是『刑財』、『刑庫』格局，但會刑不完，故還有財。也會自然而然的瘦一些，不會瘦太多。

其他適合減肥的流月、流日運氣為：在子宮的『七殺運』，會忙碌而瘦。在未宮的『太陽、居平的太陰化權運』，會錢財不多，想管錢又管不到，在感情方面也不能確實掌握，故在減肥上也會做不徹底而減重減不太多。在酉宮的『天機化忌、巨門運』，此運會頭腦不清、愛講話又拚命亂吃東西，也會頭腦不清楚沒東西吃，因此也會瘦。在亥宮的『天梁陷落運』，會東奔西跑的，也會瘦。

適合減肥的時間是：有子時、午時、未時、酉時、亥時。

此命盤格式戊年生的人，會午餐和晚餐時間皆運氣不好，也會飲食不當。但會瘦，只要在中午十一時至一時前吃中餐，而晚餐為晚上七點前吃，就會瘦。七點後吃就會胖。

己年生人：可用流月運氣在未宮之『太陽、太陰、擎羊運』來減肥。此運會心情悶，有工作和錢財皆不如意的狀況，也易有眼睛方面的疾病。

其他適合減肥的流月、流日運氣為：有在子宮的『七殺運』，會因忙碌而瘦。在亥宮的『天梁陷落運』，會東奔西跑而瘦。

適合減肥的時間是：有子時、未時、亥時。

此命盤格式己年生的人，在命局中可減肥的時間少，普通己年生人的運氣都較好，主要是因為有武曲化祿和貪狼化權易財多的原

故。所以要靠自然減肥，會有一點難度。可將午、晚餐挪後一點吃，來進財減肥，試試看！

庚年生人：可用流月運氣在酉宮的運氣是『機巨、擎羊』的運氣來減肥。這表示多變化的口福不佳了，會受到牽制，也會是非多，內心煩悶，而飲食不佳，會瘦下來。

其他適合減肥的流月、流日運氣為：在子宮的『七殺運』。在未宮的『太陽化祿、太陰化忌、陀羅運』，『祿忌相逢』也是忌重而不吉的，是『祿逢沖破』的格局，又會拖拖拉拉、很笨，又多煩憂，故會瘦。在亥宮的『天梁陷落運』，會東奔西走、四處奔波而瘦下來。

適合減肥的時間是：有子時、未時、酉時、亥時。

此命盤格式庚年生的人，會因為命盤中之巨門星受到刑剋而口福略差，會對食物挑剔、偏食，也會在晚餐的時候食慾不好、不想吃，但也能使身體瘦下來。

辛年生人：可用流月運氣在戌宮為『紫相、擎羊』的運氣來瘦身減肥。這是『刑印』格局，故不一定能真的確實瘦下去。也未必真的有毅力來瘦身減肥。因為有紫微同宮，會愛享福、不願太辛苦，故易減不成。

其他適合減肥的流月、流日運氣為：在子宮的『七殺運』，會忙碌打拚而瘦下來。在未宮的『太陽化權、太陰居平運』，會因事業強，財少，日夜操勞，會瘦一點。在亥宮的『天梁陷落運』，會東奔西跑而瘦一些。

適合減肥的時間是：有子時、未時、亥時。

此命盤格式辛年生的人，可減肥的時間很少，又有『刑印』格局，會毅力不足，故要小心不發胖。若發胖，就要靠增加運動量和改變飲食習慣，定時、定量來用餐，就能減肥瘦身了。

壬年生人：可用流月運氣在子宮有『七殺、擎羊』的運氣來減肥。此月會非常強勢，想到立刻去做，斬釘截鐵，非常有毅力。也會疑心病重，煩惱多，故會瘦。

其他適合減肥的流月、流日運氣為：在午宮的『武曲化忌、天府運』，因財窮或有錢財煩惱而會瘦。在亥宮有『天梁化祿、祿存運』，此運會內心保守，又內心有包袱、負擔，也會瘦。

適合減肥的時間是：子時、午時、亥時。

此命盤格式壬年生的人，多半終日為錢財煩憂，因此會胖會瘦都是因為錢財的關係而變化的。財順時會胖，財窮時會瘦。故也不必急著去減肥，以防後悔。

癸年生人：**可用流月運氣在丑宮有擎羊運的運氣來減肥**。此運會強悍、霸道、計較、好嫉妒、好比較，因此比別人胖或醜時，就一定要減肥瘦身了。此運也要小心傷災，破財之事。

其他適合減肥的流月、流日運氣為：在子宮的『七殺、祿存運』，會忙碌打拚而瘦了。在申宮『貪狼化忌運』，會交際應酬少、人緣不好，機會不佳而瘦了。在亥宮的『天梁陷落運』，會東奔西走而瘦下來。

適合減肥的時間是：有子時、申時、亥時。

此命盤格式癸年生的人，能自然減肥的時間不多，也算是好命吧！但是就要強力的督導自己去運動和保養身體，才能維持健康。

紫微姓名學

法雲居士⊙著

『紫微姓名學』是一本有別於坊間出版之姓名學的書，
我們常發覺有很多人的長相和名字不合，
因此讓人印象不深刻，
也有人的名字意義不雅或太輕浮，以致影響了旺運和官運，
以紫微命格為主體所選用的名字，
是最能貼切人的個性和精神的好名字，
當然會使人印象深刻，也最能增加旺運和財運了。
『姓名』是一個人一生中重要的符號和標幟，
也表達了這個人的精神和內心的想望，
為人父母為子女取名字時，就不能不重視這個訊息的傳遞。

法雲居士以紫微命格的觀點為你詳解『姓名學』中，
必須注意的事項，助你找到最適合、助運、旺運的好名字。

⑳『紫微在亥』命盤格式的運氣減肥法

『紫微在亥』命盤格式的人可運用的減肥月是：

甲年生人：可用流月運氣在卯宮的『**廉貞化祿、破軍化權、擎羊**』**運的運氣來減肥**。此運中易有傷災或病痛，會瘦，也易開刀，有血光車禍中更會耗財或破破爛爛的。某些人會用此運去做抽脂減肥之美容手術，但會癒合後很醜，也易有醫療糾紛或有性命之災，要小心。其實此運本來自然而然就會瘦了，會多煩惱和勞碌，是非多，也讓你操勞不斷而瘦了。

12.『紫微在亥』命盤格式

天府(得) 巳	天同(陷) 太陰(平) 午	武曲(廟) 貪狼(廟) 未	太陽(得) 巨門(廟) 申
辰			天相(陷) 酉
廉貞(平) 破軍(陷) 卯			天機(平) 天梁(廟) 戌
寅	丑	子	紫微(旺) 七殺(平) 亥

※請注意！因為每個人的生時、生月不一樣，故火星、鈴星、天空、地劫、文昌、文曲這些時系星及月系星（左輔、右弼）皆無法在此命盤格式中出現。因此讀者在觀看自己的命盤時，也要另將這些能減肥的條件自己列入進去。例如文昌、文曲遇破軍為窮運，也為能減肥的運氣及時間。

其他適合減肥的流月、流日運氣為：在子宮的『空宮運』，會運氣迷茫，因環境不佳，也是窮運，故會瘦。在丑宮的『陀羅運』，倒不一定會瘦得下來。在寅宮的『祿存運』，一定會瘦。在辰宮的『空宮運』也會瘦，因對宮相照的是機梁。在午宮的『同陰陷落』運，因財窮、福窮，也會瘦。在卯宮的『天相陷落運』，福不全，也會瘦。在戌宮的機梁運也是瘦的。

適合減肥的時間是：有子時、丑時、寅時、卯時、辰時、午時、酉時、亥時。

此命盤格式甲年生的人，因命盤中有一半好運、一半衰運，故能減肥的時間多。此命盤格局的人，往往靠一個武貪運就能發起來，因此能瘦的時候多，也不算太壞了。

乙年生人：可利用流月運氣在辰宮為『擎羊運』時來減肥。此運會瘦，也會是粗壯一點的瘦法。因為擎羊是居廟的，此運也依然有減肥的毅力，會比較、計較、競爭，也會多煩惱而瘦下來。

其他適合減肥的流月、流日運氣為：在子宮的『空宮運』。在寅宮的『陀羅運』。在卯宮的『廉破、祿存運』，也會瘦，是『祿逢沖破』的格局，祿少。在午宮的『同陰居陷帶化忌運』，這是一個窮運，自然會瘦了。在酉宮的『天相陷落運』，福不全，會本身就瘦了。在戌宮的『天機化祿、天梁化權運』，會瘦一點，不會太瘦。

適合減肥的時間是：有子時、寅時、卯時、辰時、午時、酉時、戌時。

此命盤格式乙年生的人，在命局中代表口福的巨門星，是和太陽同宮，表示是大而化之，愛吃但吃得不算太精緻講究的。而且只要有的吃，吃什麼都好的狀況。因此容易發胖。而且此盤局的人，在午餐和晚餐的時間上都不開心，故也會吃飯不定時，或有一頓沒一頓的，常不吃，也會造成身體生理機能不正常，而常生病，所以吃飯定食、定量、生活作息正常，才會有健康的身體。

丙年生人：**可利用流月運氣在午宮的運氣有『居陷的天同化祿、太陰、擎羊運』來減肥**。此運仍然是個窮運，而且易有傷災，會懶洋洋的，但也會發奮，此運會瘦下來。

其他適合減肥的流月、流日運氣為：在子宮的『空宮運』。在卯宮的『廉貞化忌、破軍運』，易有官非、血光、破耗，此運是窮運、破運，還會頭腦不清。因此煩憂多，一定會瘦。在酉宮有『天相陷落』，福不全的運氣，也會變瘦。

適合減肥的時間是：有子時、卯時、午時、酉時。

此命盤格式丙年生的人，能減肥的運氣大都是會剪裁其人的生命資源，而能增加生命資源的條件卻較少，所以減肥減得太過不太好，生命就會窮，生命周期也就不長了。

丁年生人：**可用流月運氣在未宮有『武貪、擎羊運』的運氣來**

減肥。其實『武貪、擎羊運』還是有暴發運、偏財運，拿來減肥，就會容易不暴發了，十分可惜！減肥實際上是有些『刑財』的狀況，一般不會用財運大好的時機，放棄進財機會，而來減肥。多半是無聊時減肥，或有需要時減肥。人在減肥的時候，是無法進財的。是故減肥是對進財有害的。所以也多半會用不好的、無用的、又強悍的運氣拿來減肥，也因此這個『武貪、擎羊』運雖有些刑財、刑運，但財和運仍很多，刑不完，拿來減肥十分可惜！亦可以由別的運氣來代替。

其他適合減肥的流月、流日運氣為：在子宮的『空宮運』。在寅宮的『空宮運』。在卯宮的『廉破運』。在午宮居陷的『天同化權、太陰化祿、祿存運』。此運是帶點財祿的窮運。在申宮的『太陽、巨門化忌運』，此運會是非多，又亂挑剔，會有飲食方面的問題。在酉宮的『天相陷落運』，會福不全也會瘦。

適合減肥的時間是：有子時、寅時、卯時、午時、申時、酉時。

此命盤格式丁年生的人，大多數的人體型是瘦的，因命盤中的巨門，本身帶化忌，是口福不佳，會挑食或亂吃。而此命格的人在午餐和晚餐皆在運氣不好的時段，會影響營養的攝取，因此會瘦。

戊年生人：可用流月運氣在午宮有『天同、太陰化權、擎羊運』的運氣來減肥。此運中雖有太陰化權，但因太陰居平，而化權不強，因此擎羊運較凶悍，仍是窮運，且會小氣、吝嗇、計較、霸道、嫉妒，又多煩惱，故會自然而然的瘦了。

其他適合減肥的流月、流日運氣為：在子宮的『空宮運』。在卯宮的『廉破運』，也是窮運，會瘦。在辰宮的『陀羅運』，會拖拖拉，原地打轉，不一定能減肥。在酉宮的『天相陷落運』會瘦。在戌宮的『天機化忌、天梁運』，也會運不好，會瘦。

適合減肥的時間是：有子時、卯時、午時、酉時、戌時。

此命盤格式戊年生的人，容易中餐、晚餐時都心情不佳，食慾也不佳。此命格的人，容易正餐不吃、愛吃零食，特別在早上九點至十一時前，下午三時至五時之間，愛好零食，因此影響到正餐，易營養不良，飲食不正常。不過此盤局的人，大多是瘦子，又加上營養不良，是不必減肥了，但要注意健康才行。

己年生人：可用流月運氣在未宮的武曲化祿、貪狼化權、擎羊的運氣來減肥。因為這是一個財運旺的暴發運氣，被擎羊刑剋也不怕，而且意志力堅定、強悍，會去發財，或迎接暴發運，其人並不會管減肥這檔小事，故可改用在午宮『居平的同陰帶祿存』的運氣來減肥。

其他適合減肥的流月、流日運氣為：在子宮的『空宮運』。在卯宮的『廉破運』。在酉宮的『天相陷落運』。

適合減肥的時間是：有子時、卯時、午時、酉時。

此命盤格式己年生的人，因命局中的武貪格暴發運很強勢，相對的能減肥的時間變少了。也可說己年生的人命較好，所幸此盤局中的人都還蠻瘦的，需要減肥的人不太多。

庚年生人：可用流月運氣在酉宮的運氣，『天相陷落加擎羊運』的運氣來減肥。此是『刑印』格局，是原本福不全了又更刑剋，所以一定會瘦的。更會懦弱，易有傷災，不適合來做手術減肥、抽脂或美容整型，易有醫療疏失。

其他適合減肥的流月、流日運氣為：在子宮的『空宮運』。在卯宮的『廉破運』。在午宮的『天同、太陰化忌運』。

適合減肥的時間是：有子時、卯時、午時、酉時。

此命盤格式庚年生的人，在命局中有極強的武貪格，是『武曲化權、貪狼』的運氣，在未年暴發，在丙年暴落，這是一個循環規律，人在好運暴發時會胖，在壞運、衰運要敗時就會瘦，這也是一

個規律法則，因此可以胖瘦自如了。

辛年生人：可用流月運氣在戌宮有『機梁、擎羊運』的運氣來減肥。此運是不帶財、清高，是有理想的運氣，故更適合用來減肥了。此運也會話多、好競爭、比較、言語犀利，沒有貴人，會『刑蔭』，可以待在家中減肥。

其他適合減肥的流月、流日運氣為：在子宮的『空宮運』。在卯宮的『廉破運』。在午宮居平的『同陰運』。在酉宮『天相陷落運』。

適合減肥的時間是：有子時、午時、卯時、酉時。

此命盤格式辛年生的人，因盤局中有太陽、巨門化祿，因此特別好吃，而午餐、晚餐用餐皆不正常，會情緒不穩，晚吃或不吃，而在用餐之外的時間吃零食。因此若是因此造成肥胖，只要戒掉吃零食的習慣就會瘦了。

壬年生人：可用流月運氣在子宮之『擎羊運』的運氣來減肥。

此運氣是內心小氣、吝嗇、計較、煩惱多、好嫉妒、不服輸，容易生氣的運氣，也要小心傷災、耗財。

其他適合減肥的流月、流日運氣為：在卯宮的『廉破運』。在午宮『陷落的同陰運』。在未宮的『武曲化忌、貪狼運』，此運會有錢財麻煩和煩惱，而讓人瘦。在酉宮的『天相陷落運』。

適合減肥的時間是：有子時、卯時、午時、未時、酉時。

此命盤格式壬年生的人，因命局中財星較多受到刑剋，故財窮，不富裕，因此常是瘦型的人，根本不需要減肥。如真要減肥就在下午多說話，少吃東西，就會瘦了。

癸年生人：可用流月運氣在丑宮之擎羊運來減肥。此擎羊運是廟旺的，故只能減一點點，仍會壯壯的。

其他適合減肥的流月、流日運氣為：在子宮的『祿存運』，會瘦。在卯宮的『廉破運』是窮運，會瘦。在午宮『陷落的天同、太陰化科運』也會瘦。在酉宮的『天相陷落運』也會瘦。在未宮的『武曲、貪狼化忌運』，會孤獨，但還有財，可斟酌用來減肥。**適合減肥的時間是**：子時、丑時、卯時、午時、酉時（未時斟酌可用）。

此命盤格式癸年生的人，命局中在申宮有『太陽、巨門化權』，此等運氣應拿來說服別人，少拿來吃零食，就會瘦身美麗了。

以上是各種年份出生之人在十二個命盤格式中之各種能減肥的運氣的大致狀況。你只要拿出命盤來核對，就能知道自己可自然減肥成功的月份、日子了。如果不會算『流月、流日』的人，請上金星出版社網站，會教你如何算法。

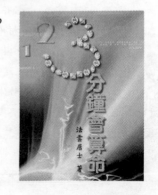

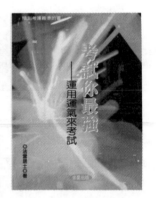